Pionierinnen der Wiener Architektur

Das Archiv der Zentralvereinigung
der ArchitektInnen Österreichs (ZV)

Pionierinnen der Wiener Architektur

Ingrid Holzschuh, Sabine Plakolm-Forsthuber (Hrsg.)
Zentralvereinigung der ArchitektInnen Österreichs

Birkhäuser
Basel

Vorwort

In der Erforschung der Vereinsgeschichte der Zentralvereinigung der ArchitektInnen Österreichs (ZV) wurden die Biografien weiblicher Mitglieder bislang wenig kommentiert und sind daher weitgehend unbekannt. Aus diesem Grund war es mir ein wesentliches Anliegen, das Archiv der ZV zu dieser Thematik zu befragen.

Jüngste Forschungen belegen, dass die Architektin Ella Briggs 1925 die erste Frau als Mitglied in der ZV war. Einige wenige Pionierinnen der Wiener Architektur folgten ihr und bewarben sich ebenso um die Aufnahme als Mitglied in die wichtigste Standesvertretung der Architektenschaft.

In diesem Zusammenhang stellten sich folgende Fragen: Seit wann gibt es für Frauen in Österreich die Möglichkeit, Architektur zu studieren? Welche beruflichen Laufbahnen wurden von den ersten Absolventinnen eingeschlagen? Welchen Anteil hatten sie am Baugeschehen? Wie gelangten sie zu Aufträgen, wie verliefen die Verknüpfungen zur Bauwirtschaft, zur Politik? Allen diesen Fragestellungen sind die Autor*innen in diesem Buch entlang der ausgewählten Biografien nachgegangen. Diese Präsentation von neuen Forschungsergebnissen zeigt nicht nur interessante Aspekte der Vereinsgeschichte der ZV, sondern auch der Architekturgeschichte des 20. Jahrhunderts.

Als älteste Berufsvereinigung von Architekten 1907 gegründet, hatte die ZV anfangs ein wesentliches Ziel, nämlich die Bildung einer architektonischen Elite. Der Verlust der Intelligenz durch die Vertreibung 1938 bis 1945 bildet sich auch entlang vieler Biografien der weiblichen Mitglieder der ZV ab. In den Jahrzehnten nach dem Zweiten Weltkrieg und besonders nach der Neugründung 1959 sollten sich die Vereinsaktivitäten inhaltlich wandeln, wobei den bauenden Frauen weiterhin keine besondere Aufmerksamkeit zukam.

Dies entsprach dem Zeitgeist: Es ging um die Integration von moderner Architektur in die baukulturelle Landschaft in Österreich. Inhaltlich wurden von der ZV in ihren Landesverbänden in den letzten Jahrzehnten zwar soziale und gesellschaftliche Themen – wie zum Beispiel der Schulbau oder das partizipative Wohnen – behandelt, aber keine Fragen nach dem Beitrag der Frauen zur Architektur gestellt. Erst in den letzten Jahren rückte die Frage nach der Rolle der Frau auch in der Architektur ins Blickfeld.

Die Arbeit der Architektinnen heute bietet auch weiterhin „herausfordernde" Chancen – wie können Talent und Führungskraft ergebnisorientiert eingesetzt werden? Sind wir im Atelier und auf der Baustelle wirklich gleichberechtigt? Frauen bilden bis heute nicht nur in den Ateliers, sondern auch in der Bauforschung und im Unterricht den Mittelbau. Die erfolgreichen Architektinnen sind rar, die gläserne Decke macht sich überall bemerkbar.

Hier möchte ich besonders den Herausgeberinnen Ingrid Holzschuh und Sabine Plakolm-Forsthuber für ihre sachkundige Bearbeitung danken. Ingrid Holzschuh hat bereits mit der ersten Publikation *BauKultur in Wien 1938–1959* (2019), die in der ZV-Buchreihe zum Archiv der Zentralvereinigung der ArchitektInnen Österreichs erschienen ist, gezeigt, dass das ZV-Archiv wertvolle Aspekte zur Zeitgeschichte bietet und viele Anknüpfungspunkte für Recherchen zur Architekturgeschichte Österreichs ermöglicht. Weiters möchte ich allen Autor*innen zu den gründlichen Forschungen und biografisch und fachlich interessanten Texten gratulieren.

Im Namen des Vorstands der ZV gilt mein Dank auch dem Grafikbüro seite zwei, dem Birkhäuser Verlag und insbesondere allen Sponsoren, die dieses wichtige Projekt durch ihre Förderung unterstützt haben.

Maria Auböck
*Präsidentin der Zentralvereinigung
der ArchitektInnen Österreichs*

Das Berufsfeld der ersten Architektinnen im Wandel der Zeit

Die Zentralvereinigung der Architekten (ZV) wurde 1907 in Wien mit dem Zweck gegründet, die Standesinteressen der selbstständigen Architekten zu vertreten und die künstlerische Qualität in der Architektur zu sichern. Voraussetzung für eine ordentliche Mitgliedschaft war bis 1938 der Abschluss eines Architekturstudiums an einer der Meisterschulen der Technischen Hochschulen oder der Akademie der bildenden Künste Wien bzw. eines Studiums an einer gleichgestellten Bildungsanstalt im Ausland. Zudem musste eine „mindestens fünfjährige erfolgreiche Tätigkeit in dem Atelier eines anerkannten Architekten" nachgewiesen werden. In Ausnahmefällen konnte der Verwaltungsausschuss der ZV auch Personen ohne Studienabschluss aufnehmen, wenn sich diese „in hervorragender Weise auf dem Gebiete der Baukunst" betätigten.[1] Bis in die 1920er-Jahre gab es ausschließlich männliche Mitglieder in der ZV, was in dem Umstand begründet lag, dass für Frauen der Zugang zum Architekturstudium in Österreich erst nach dem Ersten Weltkrieg geöffnet wurde. Die frühe Mitgliedschaft der ersten weiblichen ZV-Mitglieder Ella Briggs[2] und Leonie Pilewski[3] ab 1925 war nur über den Umweg eines Studienabschlusses an einer Technischen Hochschule in Deutschland möglich. In Österreich gewannen die Frauen erst durch die Ausrufung der Republik neue Freiheiten, die den geschlechterunabhängigen Zugang zu Berufen ebneten.

Der Erlass des Staatsamts für Unterricht vom 7. April 1919 (Z. 7183/9) gestattete erstmals Frauen die Inskription als ordentliche Hörerinnen an den Technischen Hochschulen in Wien und Graz.[4] Zu deren ersten Absolventinnen zählten die ZV-Mitglieder Helene Roth[5] (Wien) und Anna-Lülja Praun[6] (Graz). Das wachsende Selbstbewusstsein der Frauen in der Gesellschaft und die guten Berufsaussichten im Fachgebiet der Architektur ermutigten zwar immer mehr Frauen zum Architekturstudium, im Vergleich zur Zahl der Männer blieb die Zahl der weiblichen Studierenden jedoch noch immer sehr gering. So waren es an der Technischen Hochschule Wien im Jahr 1933/34 gerade einmal sechs Hörerinnen, die sich in der Studienrichtung Architektur inskribierten.[7] An der zweiten Wiener Ausbildungsstätte für Architektur, der Akademie der bildenden Künste Wien, genehmigte das Staatsamt für Inneres und Unterricht erst 1920 offiziell die Zulassung von Frauen zum Architekturstudium, das vom ZV-Mitglied Martha Bolldorf-Reitstätter[8] als erster Absolventin 1934 erfolgreich abgeschlossen wurde. Für die Absolvent*innen der Kunstgewerbeschulen war eine Mitgliedschaft in der ZV vorerst nicht möglich. Erst als im Nationalsozialismus die Wiener Kunstgewerbeschule den Status einer Hochschule erhielt, war die Voraussetzung eines akademischen Abschlusses geschaffen. Zu den ersten Absolventinnen der „Reichshochschule für angewandte Kunst" zählen die ZV-Mitglieder Eugenie Pippal-Kottnig[9] und Maria Tölzer[10].

Wie die Männer kamen auch die ersten Architekturstudentinnen, die einerseits die Voraussetzung eines höheren Bildungsabschlusses, den einer Matura, erfüllten und andererseits die Unterstützung von einer liberal eingestellten Familie für neue Geschlechterrollen hatten, zum größten Teil aus einem bürgerlichen Umfeld. Diese gesellschaftlichen Voraussetzungen prägten diese Studentinnengeneration bis weit in die Nachkriegszeit. Erst durch den gesellschaftlichen Wandel in den 1960er-Jahren öffnete sich der Bildungszugang für alle Gesellschaftsschichten, wodurch auch der Weg für mehr Frauen an die Universitäten frei wurde. In der Folge galt es, die Rahmenbedingungen für die Vereinbarkeit von Beruf und Familie zu schaffen – ein gesellschaftlicher Prozess, der bis heute anhält. Interessant bei den Biografien der Pionierinnen der Architektur ist, dass für sie Beruf und Familie – oft mit mehreren Kindern – kein Widerspruch war. Dies wurzelt möglicherweise in ihrer bürgerlichen Herkunft; oftmals wurde die Kindererziehung von der Mutter an andere (Kindermädchen) überantwortet, und viele Architektinnen dieser Generation wuchsen nicht mit dem traditionellen *role model* einer Frau als Alleinbetreuerin der Kinder auf.

Die Unvereinbarkeit von Beruf und Familie ist bis heute für die Frauen das gewichtigste Argument gegen die Selbstständigkeit.

Aufgrund des lückenhaften Archivbestands in der ZV und der nicht komplett rekonstruierbaren Mitgliederlisten bis 1933, also für jene Jahre, in denen die ersten Architektinnen ins Berufsleben eingetreten sind, ist es schwer, mit Sicherheit zu sagen, wer die ersten weiblichen ZV-Mitglieder waren. Fest steht, dass Ella Briggs 1925 als „erste Frau in der ZV"[11] genannt wird und ebenso Leonie Pilewskis Mitgliedschaft ab 1925 sowie jene von Helene Roth ab 1928 belegt sind. Neue Recherchen[12] zu Leben und Werk von Ella Briggs haben den ältesten Mitgliedsausweis der ZV aus dem Jahr 1929 in einem Berliner Archiv[13] ausgehoben. Die ersten Architektinnen nahmen sehr zurückhaltend am Architekturgeschehen Wiens teil und traten nur verhalten an die Öffentlichkeit, was auch die Erforschung ihrer Biografien erschwert. Da das Nachlassmaterial oftmals verloren gegangen ist, stellen publizistische Beiträge heute die einzige Quelle zu ihrem architektonischen Werk dar. Ella Briggs hatte bereits in ihrer beruflichen Tätigkeit in Wien und nach ihrer Emigration in Amerika Texte und Projekte in Fachzeitschriften publiziert. Die häufig in Russland tätige Leonie Pilewski verfasste nur wenige Beiträge zu ihrem eigenen Werk und publizierte in erster Linie zu aktuellen Fragen der Architektur, wie etwa den „neuen Bauaufgaben in der Sowjet-Union" oder dem „Wohnungsbau in Russland".

Eine bessere Quellenlage gibt es bei den Biografien der Architektinnen der zweiten Generation, die in den 1930er-Jahren ihr Studium abschlossen und in den politisch schwierigen Jahren der faschistischen Systeme in Österreich ihre Berufskarriere begannen. Der „Anschluss" Österreichs und die Machtübernahme des NS-Regimes bedeutete für die Architektinnen die härteste Zäsur in ihrer Berufsausübung. Denn mit der Einführung der NS-Reichsgesetze wurde die Reichskammer der bildenden Künste auch in Österreich installiert und damit die Gleichschaltung und Kontrolle der Künstler*innen vollzogen. Die ZV wurde wie alle Vereine aufgelöst und die Standesvertretung von der Reichskammer übernommen. Die ideologischen Rahmenbedingungen des NS-Regimes minimierten vorerst die Anzahl der Frauen, die sich für das Studium der Architektur entschlossen. Bedingt durch den Krieg, veränderte sich aber die Rolle der Frau in der Gesellschaft erneut, und die Zahlen stiegen 1944/45 wieder massiv. Auch die Anzahl der Architektinnen, die zwischen 1938 und 1945 ihren Beruf ausübten, nahm zu. Durch den voranschreitenden Krieg wurden immer mehr Männer an die Front berufen, und die Frau als Arbeitskraft wurde für die Rüstungsindustrie wichtiger. Architektinnen wurden als Planerinnen nicht nur in Österreich eingesetzt, sondern auch in den besetzten Gebieten (Polen, Ukraine), unter anderem bei Stadtplanungen. In der Statistik der weiblichen Studierenden an der Technischen Hochschule Wien spiegelt sich diese Zäsur durch den Nationalsozialismus und den Zweiten Weltkrieg deutlich wider.

In den 1940er-Jahren zeichnet sich dieser politische Bruch auch in den Biografien der weiblichen ZV-Mitglieder ab. Die ersten Architektinnen wie Ella Briggs, Leonie Pilewski oder Helene Roth, deren Berufskarrieren in den 1920er- bzw. 1930er-Jahren in Wien begannen, emigrierten und führten im Ausland ihren Berufsweg erfolgreich fort. Andere wie Martha Bolldorf-Reitstätter arbeiteten in Österreich kontinuierlich weiter und übernahmen offizielle Aufträge des NS-Regimes. Viele der Frauen, die in den Kriegsjahren ihr Studium beendeten, wie Edith Lassmann[14] oder Ilse Koči[15], schlugen die akademische Laufbahn ein und nahmen eine Tätigkeit als wissenschaftliche Assistentin an der Hochschule auf.

Unmittelbar nach Kriegsende konstituierte sich die ZV wieder neu und übernahm wieder bis zur Schaffung einer eigenen Architektensektion in der Kammer 1951 die Standesvertretung der freischaffenden Architekt*innen.[16] Noch in den Nachkriegsjahren kompensierten die Frauen die Arbeitskraft der Männer, die im Krieg umgekommen waren, in Kriegsgefangenschaft waren oder aufgrund des Verbotsgesetzes ein Berufsverbot hatten. Daher fanden die älteren wie auch die jungen Architektinnen ein breites Betätigungsfeld im Wiederaufbau und in den denkmalpflegerischen Arbeiten zur Sicherung des historischen Bestands, wie die Mitarbeit des ZV-Mitglieds Helene Koller-Buchwieser[17] am Wiederaufbau des Stephansdoms zeigt. Aber auch bei den großen städtebaulichen Aufgaben in Wien waren Architektinnen wie Eugenie Pippal-Kottnig (Wettbewerb Wiener Donaukanal 1946) erfolgreich eingebunden.

Das „Wirtschaftswunder" der 1950er-Jahre führte zu einem regelrechten Bauboom, der neue Bauaufgaben schuf, an denen die freischaffenden Architektinnen partizipierten, was sich im steigenden Anteil der weiblichen Mitglieder der ZV widerspiegelte, auch weil für die Teilnahme an vielen Wettbewerben eine ZV-Mitgliedschaft erforderlich war.[18] Viele der Pionierinnen der Wiener Architektur erwarben in den 1950er-Jahren ihre Befugnis als Ziviltechnikerin und entschieden sich für eine Selbstständigkeit als freischaffende Architektin. Im Querschnitt zeigt sich, dass ihre Projekte das gesamte Bauaufgabenspektrum der Architektur umfassten und sie an einer Vielzahl prominenter Wettbewerbe teilnahmen. Manche der Architektinnen wie das ZV-Mitglied Ilse Vana-Schiffmann[19] engagierten sich neben ihren beruflichen Tätigkeiten auch für die Interessen ihrer Berufsgruppe und übernahmen wichtige Funktionen in der Standesvertretung der Kammer.

Trotz all ihrer Teilhabe am Baugeschehen des 20. Jahrhunderts und ihrer Rolle als Vorbild für die folgenden Generationen an Architektinnen sind diese Frauen zu einem großen Teil in Vergessenheit geraten. Das Leben und Werk dieser Pionierinnen des neuen weiblichen Berufsfelds der Architektin ist nur wenig dokumentiert. Die vorliegende Publikation soll dazu beitragen, dies zu ändern und die Leistungen der ersten weiblichen ZV-Mitglieder entsprechend zu würdigen.

Ingrid Holzschuh und
Sabine Plakolm-Forsthuber

1 AT-OeStA/AdR BKA BKA-I BPDion Wien VB Signatur VIII-1665, Zentralvereinigung der Architekten Österreichs, 1907–1938, Statuten vom 7.5.1929.
2 Siehe den Beitrag von Katrin Stingl, S. 30–45.
3 Siehe den Beitrag von Sabine Plakolm-Forsthuber, S. 86–97.
4 Edith Lassmann, Das Frauenstudium an den technischen Hochschulen Wien und Graz, in: Martha Forkl, Elisabeth Koffmahn (Hrsg.), Frauenstudium und akademische Frauenarbeit in Österreich, Wien u. a. 1968, S. 43 ff., hier S. 43.
5 Siehe den Beitrag von Sabine Plakolm-Forsthuber, S. 128–139.
6 Siehe den Beitrag von Judith Eiblmayr, S. 112–127.
7 Juliane Mikoletzky, Ute Georgeacopol-Winischhofer, Margit Pohl (Hrsg.), „Dem Zuge der Zeit entsprechend …". Zur Geschichte des Frauenstudiums in Österreich am Beispiel der Technischen Universität Wien, Wien 1997, S. 116.
8 Siehe den Beitrag von Sabine Plakolm-Forsthuber, S. 14–29.
9 Siehe den Beitrag von Markus Kristan, S. 98–111.
10 Siehe den Beitrag von Sabine Plakolm-Forsthuber, S. 140–154.
11 O. A., Abenteuer einer Wiener Architektin in Sizilien, Der Tag, 24.12.1925, S. 2.
12 Neueste Erkenntnisse zum Leben und Werk der Architektin Ella Briggs wurden am 9.6.2022 bei dem von Elana Shapira mit Despina Stratigakos und Monika Platzer organisierten internationalen Workshop „Rediscovering Ella Briggs – The Challenge of Writing Inclusive Architectural Histories for Women Who Broke the Mold" im Architekturzentrum Wien vorgestellt.
13 Landesamt für Bürger- und Ordnungsangelegenheiten (LABO) Berlin, Abt. I – Entschädigungsbehörde, Opfer des Nationalsozialismus, Ella Briggs, 251.039.
14 Siehe den Beitrag von Sabine Plakolm-Forsthuber, S. 70–84.
15 Siehe den Beitrag von Ingrid Holzschuh, S. 46–55.
16 Ingrid Holzschuh, Der Neubeginn, in: dies., Zentralvereinigung der ArchitektInnen Österreichs (Hrsg.), BauKultur in Wien 1938–1959. Das Archiv der Zentralvereinigung der ArchitektInnen Österreichs (ZV), Basel 2019, S. 76.
17 Siehe den Beitrag von Christina Zessner-Spitzenberg, S. 56–69.
18 Holzschuh, Neubeginn, 2019, S. 64–78.
19 Siehe den Beitrag von Ingrid Holzschuh, S. 156–167.

Die ersten Architektinnen der ZV (Landesverband Wien, Niederösterreich und Burgenland)

Martha Bolldorf-Reitstätter
Ella Briggs
Ilse Koči
Helene Koller-Buchwieser
Edith Lassmann
Leonie Pilewski
Eugenie Pippal-Kottnig
Anna-Lülja Praun
Helene Roth
Maria Tölzer
Ilse Vana-Schiffmann

Porträtfoto Martha Bolldorf-
Reitstätter aus der Studienzeit, um 1934, Privatbesitz

Martha Bolldorf-Reitstätter 1912–2001

Text von Sabine Plakolm-Forsthuber

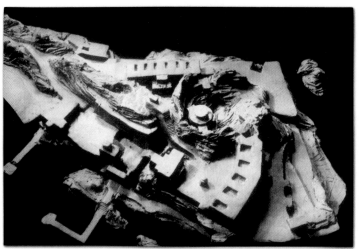

Modell für ein Heilbad auf einer Kraterinsel (Diplomarbeit), ausgezeichnet mit dem Meisterpreis an der Akademie der bildenden
Künste Wien, um 1934, Privatbesitz

Martha Reitstätter wurde am 19. Februar 1912 in Innsbruck als Tochter einer Tiroler Beamtenfamilie geboren.[1] Nach Absolvierung der Volksschule übersiedelte sie mit ihrer Familie 1923 nach Wien, wo sie die Abteilung für Hochbau an der Staatsgewerbeschule in der Schellinggasse im 1. Wiener Gemeindebezirk besuchte und 1930 die Matura ablegte. Im Oktober 1930 trat sie als außerordentliche, im Jahr 1931 als ordentliche Hörerin an der Akademie der bildenden Künste Wien in die Meisterschule von Clemens Holzmeister ein, den sie schon seit ihrer Jugendzeit kannte.[2] Am 15. Juli 1934 diplomierte sie mit dem Entwurf einer „Kirche am Hungerberg", Innsbruck, als „akademischer Architekt". Im Atelier Holzmeisters war sie hingegen schon ab dem 1. Januar 1930 als Mitarbeiterin beschäftigt und blieb dort bis zum Juni 1938.

Martha Reitstätter ist die erste Frau, die eine Meisterschule für Architektur an der Akademie der bildenden Künste Wien absolvierte. Ihre außergewöhnliche Begabung zeigte sich bereits beim Entwurf für ein Heilbad auf einer Kraterinsel im Mittelmeer, der ihr den Meisterschulpreis einbrachte und in einer Ausstellung der Wiener Secession öffentlich präsentiert wurde.[3] Als langjährige Mitarbeiterin Holzmeisters hatte sie Einblick in seine wichtigsten Bauprojekte in Berlin, in der Türkei und in Salzburg. Holzmeister schätzte sie als eine „seiner besten Stützen", wie er in der Beurteilung ihres Diplomentwurfs bemerkte.[4]

Bereits 1935 trat sie der Zentralvereinigung der Architekten Österreichs (ZV) als außerordentliches Mitglied bei. Reitstätter verfügte zwar formell über das von der ZV anerkannte Diplom, nicht jedoch über die laut Statuten geforderte fünfjährige Praxis. Dafür konnte sie auf die Tätigkeit im „Atelier eines ordentlichen Mitglieds der Z.V."[5], nämlich in jenem von Clemens Holzmeister, verweisen, der sie vorgeschlagen haben dürfte. Unter den außerordentlichen Mitgliedern der ZV befanden sich auch die Architektinnen Hermine Frühwirth (ab 1936), Lionore Perin(-Regnier) (ab 1937) sowie Reitstätters späterer Ehemann, Leo Bolldorf (ab 1933). 1949 wurde Bolldorf-Reitstätter hingegen Mitglied der Ingenieurkammer.

Da Holzmeister mit der Umsetzung großer Bauaufgaben in der Türkei, etwa des Parlaments in Ankara, beschäftigt war, übertrug er Reitstätter 1936 bis 1938 als Bauleiterin die Abwicklung und Planung des Innenausbaus des Wiener Funkhauses der Österreichischen Radio-Verkehrs AG (RAVAG) in der Argentinierstraße. Das Funkhaus gilt als bedeutender Profanbau des Austrofaschismus und sollte auch im Nationalsozialismus eine tragende Rolle als Ort der politischen Propaganda einnehmen. Ausgehend von den seit 1934 vorliegenden Planungen der Architekten Heinrich Schmid und Hermann Aichinger sowie unter Einbeziehung älterer Bausubstanz wurde über Wunsch der ZV ein engerer Wettbewerb ausgeschrieben. Diesen konnte der politisch gut vernetzte Holzmeister 1935 für sich entscheiden.[6] Zur Vorbereitung besichtigte Holzmeister im Zuge einer „Luftreise" die Funkhäuser in Berlin, London, Brüssel, Köln und Prag, wie er Reitstätter mitteilte.[7] Während die technischen Lösungen der asymmetrisch angelegten Sendesäle und Tonstudios des „akustischen Wunderwerks"[8] auf die Planungen des Architektenbüros Schmid/Aichinger zurückgingen, zeigt sich die Handschrift Holzmeisters in der monumentalen, glatten, mit Fenstern rhythmisierten Hauptfassade sowie im Erschließungssystem von Freitreppe, zurückversetztem Eingang, dem hellen Foyer und der großzügigen Treppenanlage. Als markante Elemente sind der Einsatz edler Materialien, silbrig glänzende kannelierte Säulen, eine mit geometrischen Motiven versehene weiße Stuckdecke, helle Marmorplatten am Boden, die freitragende Treppe samt elegantem Geländer, eine differenzierte Durchfensterung und Glasbausteine zu nennen.[9] Eröffnet wurde das Funkhaus, nunmehr „Reichssender Wien", erst im Juli 1938. In jene Jahre fiel auch die Beteiligung Reitstätters an einem Wettbewerb für den Entwurf für eine Kapelle auf der Pariser Weltausstellung 1937, für den sie mit einem *diplôme d'honneur* ausgezeichnet wurde.

Holzmeister, der im Austrofaschismus als Staatsrat eine wichtige politische Funktion innehatte, wurde nach dem „Anschluss" an der Akademie vom Dienst enthoben und am 1. April 1939 in den Ruhestand versetzt.[10] Während der NS-Zeit verblieb er in der Türkei, sein Wiener Atelier wurde aufgelöst. Ab Juli 1938 war Reitstätter als freiberufliche Architektin tätig. Kurz davor, am 1. Mai 1938, hatte sie sich um die Mitgliedschaft bei der NSDAP beworben, die ihr am 1. Januar 1941 verliehen wurde.[11] 1947 rechtfertigte sie ihren aus „beruflichen Gründen" erfolgten Parteieintritt in die NSDAP folgendermaßen: „Ich habe immer ausschließlich [in] meinem Beruf gelebt und gearbeitet und war überdies als alleinstehende Frau von keiner Seite in politischen Dingen beraten. Aus meiner Parteizugehörigkeit habe ich nicht den geringsten Vorteil gezogen und mich nach wie vor für Politik nicht interessiert."[12] Wie bei vielen Menschen ihrer Generation dürfte die anfängliche Begeisterung zu Kriegsende in Verbitterung und Läuterung umgeschlagen sein. Dass sie am politischen Geschehen nicht ganz so desinteressiert gewesen war, belegen hingegen ihre Kalendereintragungen, die durchaus im Widerspruch zu ihren im Entnazifizierungsverfahren getätigten Aussagen stehen. So notierte sie beispielsweise am 13. März 1938 in ihrem Kalender: „Anschluss – Endlich sind wir Deutschland" und tags darauf: „4 × Hitler gesehen. Er ist der Herrgott. Es sollen 12 Apostel seine Reden niederschreiben. Triumphparade. Neben Tribüne von 10–6 h gestanden."[13]

Innerhalb kurzer Zeit erhielt sie große Aufträge im Städte- und Wohnungsbau, wofür sie ein Atelier gründete und bis zu neun Angestellte beschäftigte. Ideen für die Umgestaltung der Inneren Stadt Wien mit Neu- und Zubauten sowie Freilegungen dokumentiert und beschreibt sie in ihrer Publikation „Wien. Gedanken und Vorschläge zur Umgestaltung der Inneren Stadt Wien"[14]. Ihre Entwürfe betrafen Rückversetzungen von Fassadenfronten gegenüber dem Erzbischöflichen Palais in der Rotenturmstraße, die mit der Häuserfront vis-à-vis von St. Stephan eine geschlossene Flucht bilden sollten. Dazu musste die Brandstätte überbrückt werden. Anstelle eines Platzes vor dem Dom plante sie eine Durchzugsstraße vom Donaukanal – den Stadteingang sollten zwei Hochhäuser markieren – über die Kärntner Straße bis zur Oper. „Die große Straße am Dom" wurde 1949 von Josef Frank als eines der drei möglichen Konzepte für die Neugestaltung des Stephansplatzes genannt, der damals noch ein Verkehrsknotenpunkt war. Die Südwestfront des Stephansplatzes wollte Reitstätter mit historisierend anmutenden Fassaden und Arkadenstellungen im Erdgeschoß schließen. 1939 beteiligte sie sich am Wettbewerb für den Aus- und Umbau des Burgtheaters, dessen Bühnenhaus erweitert werden sollte. Ihr Modell zeigt in der axialen Verlängerung der Hinterbühne eine triumphbogenartige Überbrückung der Löwelstraße zu einem zweigeschoßigen, natursteinverkleideten monumentalen Neubau, in dem Kulissen, Dekorationen und Requisiten gelagert werden sollten und der dem preisgekrönten Entwurf Alexander Popps (1940) nicht unähnlich war.[15] Die von Reitstätter ebenfalls vorgeschlagene Freilegung der vermauerten Arkaden in der Stallburg wurde schließlich beim Wiederaufbau 1956 realisiert (allerdings ohne ihre Mitwirkung).

Zudem entwickelte Reitstätter Typenpläne für städtische Wohnhausanlagen, vermutlich Laaerberg, sowie für diverse NS-Behelfsheimsiedlungen in Niederösterreich.[16] Anlässlich des Umbaus und der Adaptierung des Akademietheaters 1939 durch Alexander Popp erhielt Franz von Zülow den Auftrag zur Gestaltung des eisernen Vorhangs, für den Reitstätter die Architekturperspektive entwarf. Der in einem aquarellartig-heiteren, naturalistischen Stil ausgeführte Theatervorhang zeigte den Blick vom Altan, dem sogenannten „Führerbalkon", der Hofburg auf den Heldenplatz.[17]

Als Bolldorf-Reitstätter 1947 als „Minderbelastete" um die „Verleihung der Befugnis eines Architekten" ansuchte, unterließ sie die Erwähnung ihres

Foyer Wiener Funkhaus, Wien 4, 1936–1938; Innenraumgestaltung gemeinsam mit dem Atelier Clemens Holzmeister, Archiv ORF, Österreichischer Rundfunk

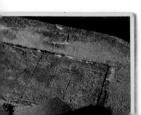

Modell, Aus- und Umbau des Wiener Burgtheaters, Wien 1, um 1939, Österreichische Nationalbibliothek, Teilnachlass Martha Bolldorf-Reitstätter, Foto: Bruno Reiffenstein

Ansicht, Vorschlag für die Durchfahrt zur Brandstätte von Rotenturmstraße und Stephansplatz, Wien 1, um 1939, Österreichische Nationalbibliothek, Teilnachlass Martha Bolldorf-Reitstätter

freiwilligen Kriegseinsatzes 1942 bis 1943 in sowjetischen Gebieten und auf der Krim für die Organisation Todt.[18] Für die russische Stadt Melitopol plante sie Unterkünfte, und für Simferopol, eine Stadt auf der Krim, war sie als Stadtplanerin tätig. Die deutsche Wehrmacht hatte im November 1941 Simferopol eingenommen und verübte im Dezember ein Massaker an 14.000 Mitgliedern der jüdischen Gemeinschaft. In einer Biografie des Jahres 1982 erwähnt sie zudem Bauaufnahmen von „Ostgotensiedlungen" in Sewastopol,[19] was insofern von Bedeutung ist, als es sich bei diesen zeichnerischen Erfassungen und Vermessungen um eine hochpolitische Angelegenheit handelte. Die schon im 19. Jahrhundert in Deutschland einsetzenden und in der NS-Zeit intensivierten Forschungen unter Alfred Rosenberg (mit seinem „Einsatzstab Reichsleiter Rosenberg") und dem „SS-Ahnenerbe" auf der Krim hatten das Ziel, das „Germanentum" der Krimgoten zu belegen. Damit wollten die Nationalsozialisten die deutschen Gebietsansprüche auch ideologisch legitimieren. Selbst während des Kampfes um Sewastopol im Juni 1942 fanden am Rande des Schlachtfelds Vermessungen der Höhlenstädte Eski-Kermen und Mangup-Kale[20] statt. Ab Herbst 1943 wurde die Halbinsel von der Roten Armee zurückerobert.

Seit Mai 1944 wirkte Reitstätter bei der Behebung von Bombenschäden mit und war in den letzten Kriegsmonaten 1944/45 im „Einsatzstab für Kultur- und historische Baudenkmäler" in Wien unter Karl Holey bei Arbeiten zur Sicherung von profanen Baudenkmälern wie dem Belvedere, dem Schloss Schönbrunn und dem Palais Rasumofsky tätig. Während Helene Koller-Buchwieser in Vertretung des Dombaumeisters Karl Holey als eine der Ersten vor Ort mit den Sicherungsarbeiten am im April 1945 durch einen Brand schwer beschädigten Wiener Stephansdom begann, wirkte Reitstätter am Wiederaufbau mit. Sie erstellte Zeichnungen der Domfassaden, Steinmetzpläne für das zerstörte gotische Westfenster und fertigte das Modell für die Dacherneuerung mit dem Eisendachstuhl an. Bis 1947 war sie an der Erstellung von Kriegsschadensplänen für die Gemeinde Wien beteiligt und vor 1938 und nach 1945 als Stadtplanerin in Eisenstadt tätig.[21]

1946 heiratete sie den Architekten und Behrens-Schüler Leo Bolldorf (1910–1991), mit dem sie zwischen 1947 und 1950 drei Kinder bekam. 1948 sowie zwischen 1957 und 1962 lebte die Familie zeitweise in Mosul im Irak, wo Leo Bolldorf einen Bauauftrag übernommen hatte.

Bolldorf-Reitstätter nahm, nach 1945 zunächst mit Leo Bolldorf, an zahlreichen Wettbewerben teil, wie zum Beispiel für den Karlsplatz (1946, dritter Preis) und den Stephansplatz (1947, Ankauf) oder für mehrere Bundesgewerbeschulen in Graz, Innsbruck, Mödling (dritter Preis) oder Linz (zweiter Preis).[22]

In Wien, Wiener Neustadt, Salzburg, Südtirol und Eisenstadt errichtete sie zahlreiche Wohnhäuser, Wohnhausanlagen und Villen, darunter das eigene Haus in der Grinzinger Allee. Dass sie sich immer wieder mit aktuellen städtebaulichen Projekten befasste, belegt ihr Konzept zum Hochwasserschutz für die Stadt Wien (1972 erfolgte der Bau der Donauinsel), in dem sie sich für einen „Umfluter in Verbindung mit der Schaffung eines großen Donau-Naturparks im Überschwemmungsgebiet" aussprach und das 1974 mit einem „Nachfolgepreis" ausgezeichnet wurde.[23] 1990 beteiligte sich Bolldorf-Reitstätter an dem Wettbewerb für das Museumsquartier in den ehemaligen Hofstallungen.

Bolldorf-Reitstätters Haupttätigkeitsfeld nach 1945 verlagerte sich nach Niederösterreich und in das Burgenland, wo sie sich mehrheitlich dem Sakralbau widmete. Meistens handelte es dabei um Umbauten, Erweiterungen und Adaptierungen sowie Restaurierungsarbeiten an Kirchen und Kapellen. Als Holzmeister-Schülerin war sie für diese Bauaufgabe bestens qualifiziert; auch hatte sie durch ihre Arbeiten an den kriegszerstörten historischen Bauten ausreichend Erfahrung gesammelt. Ihre vielfältige Entwurfs- und Bautätigkeit umfasste eine Reihe von ausgeführten Kapellen und Kirchen (Pfarrkirche

Modell, Wettbewerb für eine Bundesgewerbeschule in Linz (2. Preis), um 1947,
Österreichische Nationalbibliothek, Teilnachlass Martha Bolldorf-Reitstätter

Bischofshof, Eisenstadt, 1951/52–1960, Österreichische Nationalbibliothek, Teilnachlass Martha
Bolldorf-Reitstätter, Foto: Julius Scherb

Städtebaulicher Entwurf für das kirchliche
Zentrum und die Grünräume in Eisenstadt,
1952–1960, Privatbesitz

Johannesberg 1947–1951, Erneuerung der Pfarrhofkirche in Pitten 1948, Kriegerkapelle in Hohenberg 1949), die Pfarrhöfe Großweikersdorf und Kittsee, Jugendheime und Kindergärten, den Um- und Ausbau der Haydnkirche in Eisenstadt-Oberberg (1952–1956) sowie Kriegergedenkstätten.

Den ideellen Höhepunkt der jahrzehntelangen selbstständigen Tätigkeit von Bolldorf-Reitstätter bildete die Errichtung eines kirchlichen Zentrums in Eisenstadt anlässlich der Neugründung der Diözese Burgenland.[24] Sie gewann 1951/52 drei separat ausgeschriebene Wettbewerbe und errichtete infolgedessen den Bischofshof (bischöfliches Palais), plante den Um- und Ausbau der Pfarrkirche zum Dom (Marienkapelle, Wochentagskapelle, Sakristeianbau) und die Gestaltung des Dom-Innenraums.[25] Bei der Realisierung wirkten viele namhafte Künstler*innen mit.[26] Nach zehn Jahren konnten die Arbeiten 1960 abgeschlossen werden, Bolldorf-Reitstätters gesamtes architektonisches und künstlerisches Konzept wurde realisiert.

Eines der umstrittensten Projekte war das seit 1959 geplante und erst 1971/72 fertiggestellte Hochhaus im Eisenstädter Bahnhofsviertel, das jahrzehntelang das höchste Gebäude des Burgenlands war. Der 51 Meter und 17 Geschoße hohe Baukörper besteht aus zwei verschobenen Rechtecken. Die Wohnungen sind mit Balkonen ausgestattet, deren rote Brüstungen dem Gebäude einen gestalterischen Akzent verleihen. Der moderne Wohnkomfort wurde von den Bewohner*innen geschätzt. In den 1950er-Jahren setzte in Wien und vielen Bundeshauptstädten wie Salzburg, Innsbruck oder Linz die Errichtung von Hochhäusern ein. Indem Bolldorf-Reitstätter das Hochhaus nicht im historischen Stadtzentrum, sondern im neuen Stadtviertel im Süden („Südstadt") plante, meinte sie den hoch aufragenden Bau auch städtebaulich vertreten zu können.[27]

Auf Anregung des Kunsthistorikers und Landeskonservators für Wien und das Burgenland Alfred Schmeller übernahm sie ab 1963 die Revitalisierung des ruinösen Wasserschlosses Kobersdorf im Burgenland. Die Arbeiten waren 1972 so weit abgeschlossen, dass im Juli die ersten „Schloss-Spiele Kobersdorf" stattfinden konnten.[28] Für ihre lebenslangen Bemühungen wurde ihr als erster Frau die staatliche Denkmalschutzmedaille verliehen.

Neben ihrer selbstständigen Entwurfs- und Bautätigkeit hielt Bolldorf-Reitstätter zwischen 1955 und 1961 Vorträge für Maturant*innen mit den Titeln „Die Baukunst und der Beruf des Architekten" und „Was soll und will der Architekt?". Sie verfasste auch eine Reihe von theoretischen und dokumentarischen Schriften.[29] Nach Bolldorf-Reitstätters Auffassung hat die Akademie der bildenden Künste Wien als einzige klassische Ausbildungsstätte für Architekt*innen zu gelten. Deshalb schlug sie schon 1943 ein Angebot für einen Lehrstuhl an der Reichshochschule für angewandte Kunst Wien (heute Universität für angewandte Kunst Wien) aus.[30]

Als Holzmeister-Schülerin und erster Frau, die eine Meisterschule für Architektur an der Akademie der bildenden Künste Wien absolvierte, kommt Martha Bolldorf-Reitstätter ein besonderer Stellenwert zu: Sie war gerade achtzehn Jahre alt, als sie als Mitarbeiterin in Holzmeisters Büro eintrat, in dem sie vielfältige Erfahrungen bei der Abwicklung von Großbauten sammelte sowie Projekte eigenständig leitete.[31] So gesehen konnte sie sich in diesem für Frauen noch jungen Berufsfeld erfolgreich behaupten. Geblendet vom Nationalsozialismus, erkannte sie die Chance, „an der Zukunft der deutschen Baukunst" mitzuwirken.[32] Möglicherweise darf man in dieser klaren NS-Positionierung auch einen Grund dafür sehen, dass es nach dem Krieg zu keinem intensiveren Kontakt mit Holzmeister kam, der in der Türkei viele Emigrant*innen um sich geschart hatte. Einzig beim Erweiterungsbau für die 1931 von Holzmeister geplante Neulandschule Grinzing hat Bolldorf-Reitstätter 1959 bis 1963 Skizzen eingereicht; ausgeführt wurde der Bau jedoch von Holzmeister selbst. Erst

Luftbild mit dem Hochhaus in Eisenstadt, 1959–1972, Burgenländisches Landesarchiv

in den letzten Kriegsmonaten und angesichts der Unwahrscheinlichkeit des „Endsieges" zog sie für sich die Konsequenzen und beteiligte sich in Wien an Sicherungsarbeiten an historischen Gebäuden. Die Nachkriegszeit eröffnete ihr viele Möglichkeiten, ihr architektonisches Geschick und ihr Einfühlungsvermögen in den historischen Baubestand unter Beweis zu stellen.

Formalästhetisch fügen sich Martha Bolldorf-Reitstätters Bauten der frühen 1950er-Jahre in die breite Strömung jener Nachkriegsmoderne ein, die stilistisch an die Formensprache der 1930er-Jahre anschloss: Ihr Kennzeichen ist eine Verbindung von moderat modernen Ansätzen und einer traditionellen, regionalen Architektur, deren planerische Qualität die gelungene und zurückhaltende Einfügung von Neubauten in den historischen Baubestand ausmacht. Das setzt in der Großform ein hohes Maß an Selbstbeschränkung voraus; umgekehrt eröffnete ihr dieser Zugang aber die Möglichkeit, ihre gestalterischen Ideen in Detaillösungen umzusetzen. So entwarf sie beispielsweise für den Eisenstädter Dom auch das gesamte liturgische Gerät bis hin zum Bischofsstab.

Am 13. Juni 2001 verstarb die vielfach ausgezeichnete Architektin in Eisenstadt.[33]

1 Die wichtigsten biografischen Daten stammen aus Ute Georgeacopol-Winischhofer, Bolldorf-Reitstätter, Martha, in: Brigitta Keintzel, Ilse Korotin (Hrsg.), Wissenschafterinnen in und aus Österreich. Leben – Werk – Wirken, Wien u. a. 2002, S. 85–88.

2 Das belegen zahlreiche Postkarten Holzmeisters ab dem Jahr 1927 an Martha Reitstätter; Holzmeister dürfte mit Martha Reitstätters Bruder Heinz (Heinrich) befreundet gewesen sein. Vgl. Österreichische Nationalbibliothek (ÖNB), Teilnachlass Martha Bolldorf-Reitstätter, Wien 1923–1962. Sammlung von Handschriften und alten Drucken, Signatur: Autogr. 1500/13 (1–9), 1927–1932; 1500/16 (1–7), 1926–1928.

3 Georgeacopol-Winischhofer, Bolldorf-Reitstätter, 2002, S. 85.

4 Akademie der bildenden Künste Wien, Personalakt Martha Reitstätter, Nr. 1213.

5 AT-OeStA/AdR BKA BKA-I BPDion Wien VB Signatur VIII-1665, Zentralvereinigung der Architekten Österreichs, 1907–1938, Statuten vom 7.5.1929.

6 G. A. Schwaiger, Die Grundlagen zum Funkhauswettbewerb, in: profil, 3, Heft 8, 1935, S. 394–407; Andreas Suttner, Das schwarze Wien. Bautätigkeit im Ständestaat 1934–1938, Wien u. a. 2017, S. 182.

7 ÖNB, Teilnachlass, Signatur: Autogr. 1500/14, Karte aus Köln vom 14.7.1935.

8 M. S., Wiens Funkpalast vor der Vollendung, in: Kleine Volks-Zeitung, 27.8.1937, S. 4.

9 Bei der Umgestaltung des Funkhauses 1979 bis 1983 wurde die ursprüngliche Innenraumgestaltung Reitstätters durch Gustav Peichl (Kammersaal) und später durch Adolf Krischanitz (großer Saal, Vorraum, Café) stark verfremdet. Seit 1999 steht das Haus unter Denkmalschutz. Aktuell wird das Funkhaus revitalisiert und teilweise einer neuen Verwertung (Wohnungen) zugeführt.

10 Ingrid Holzschuh, Sabine Plakolm-Forsthuber, Auf Linie. NS-Kunstpolitik in Wien. Die Reichskammer der bildenden Künste, Ausstellungskatalog Wien Museum, Basel 2021, S. 104.

11 AT-OeStA/AdR HBbBuT BMfHuW Titel ZivTech A–G 719 und 720.

12 Ibid., Schreiben von Martha Bolldorf-Reitstätter an das Bundesministerium für Handel und Wiederaufbau, 1.8.1947.

13 ÖNB, Teilnachlass, Signatur 53736, Kalender 1938.

14 Martha Bolldorf-Reitstätter, Wien. Gedanken und Vorschläge zur Umgestaltung der Inneren Stadt Wien, o. J. (um 1939), in: ÖNB, Teilnachlass, Signatur 53919.

15 Ingrid Holzschuh, Verlorene Stadtgeschichten. Hitlers Blick auf Wien, in: Architekturzentrum Wien, Ingrid Holzschuh, Monika Platzer (Hrsg.), „Wien. Die Perle des Reiches". Planen für Hitler, Ausstellungskatalog Architekturzentrum Wien, Zürich 2015, S. 41.

16 Helmut Weihsmann, In Wien erbaut. Lexikon der Wiener Architekten des 20. Jahrhunderts, Wien 2005, S. 327.

17 Karl Maria Grimme, Neues Kunstschaffen in der Ostmark, in: Der getreue Eckart, 16. Jg., 1, 1939, S. 494 ff.

18 Norbert Kunz, Die Krim unter deutscher Herrschaft 1941–1944. Germanisierungsutopie und Besatzungsrealität, Darmstadt 2005.

19 O. A., Martha Bolldorf-Reitstätter, in: Elise Sundt, Monika Klenovec et al. (Hrsg.), Zivil-technikerinnen, Wien 1982, S. 12; Weihsmann, In Wien erbaut, 2005, S. 327.

20 Rainer Schreg, Zwischen Nazis und Sowjets. Die Krimgoten in den 1930er und 40er Jahren, https://archaeologik.blogspot.com/2020/06/zwischen-nazis-und-sowjets-die.html (Zugriff 23.4.2022).

21 O. A., Bolldorf-Reitstätter, 1982, S. 12.

22 ÖNB, Teilnachlass, Signatur 53730.

23 Georgeacopol-Winischhofer, Bolldorf-Reitstätter, 2002, S. 86; Martha Bolldorf-Reitstätter, Das Hochwasser-Umflutungsgerinne für Wien, Wien o. J.; dies., Wien an die Donau bringen!', Sonderdruck, Wien o. J.

24 Georgeacopol-Winischhofer, Bolldorf-Reitstätter, 2002, S. 86.

25 Franco Fonatti (Hrsg.), Ars Sacra Austriae. Ausstellung der Österreichischen Gesellschaft für Christliche Kunst zum Katholikentag 1983, Rathaus, Wien, Wien 1983, S. 65, 193.

26 Georgeacopol-Winischhofer, Bolldorf-Reitstätter, 2002, S. 87.

27 Martha Bolldorf-Reitstätter, Hochhausbau – objektiv gesehen (maschinschriftliches Manuskript), Wien o. J., in: ÖNB, Teilnachlass, Signatur 53722.

28 Martha Bolldorf-Reitstätter, Schloß Kobersdorf, Wien 1976.

29 Martha Bolldorf-Reitstätter, Komponenten der Baugestaltung, in: Festschrift Prof. Dr. J. Anselm Weißenhafer – zu seinem 70. Geburtstage gewidmet von seinen Freunden und Verehrern, Wien 1954, S. 1–9, Abb. 1–7.

30 Georgeacopol-Winischhofer, Bolldorf-Reitstätter, 2002, S. 87.

31 Dass Bolldorf-Reitstätter auch heute noch nicht als Schülerin Holzmeisters wahrgenommen wird, zeigt die Publikation von Christoph Hölz (Hrsg.), Gibt es eine Holzmeister-Schule? Clemens Holzmeister (1886–1983) und seine Schüler, Innsbruck 2015, in der sie nicht einmal erwähnt wird.

32 Bolldorf-Reitstätter, Umgestaltung der Inneren Stadt Wien, o. J., o. S., in: ÖNB, Teilnachlass, Signatur 53919.

33 Georgeacopol-Winischhofer, Bolldorf-Reitstätter, 2002, S. 85.

Porträtfoto Ella Briggs, 1927,
Privatbesitz

Ella Briggs
1880–1977

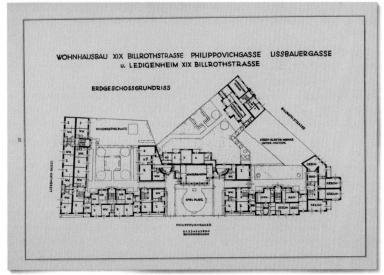

Text von Katrin Stingl

„Sowohl vom Kostenstandpunkt, als auch um eine zu weitgehende Uniformierung der Gewohnheiten zu vermeiden, ist es vorzuziehen, wenn auch innerhalb der eingebauten Kücheneinrichtung der Hausfrau die Möglichkeit zur individuellen Arbeitsweise gelassen und daher die Kücheneinrichtung nicht zu sehr ins Detail ausgebaut wird."[1]

In diesen Zeilen aus einem Fachbeitrag zur Küchenplanung 1930 zeigen sich Eigenschaften, die für das gesamte Schaffenswerk der Architektin Ella Briggs zu beobachten sind: kritische Aufgeschlossenheit gegenüber neuen Entwicklungen und funktionellen Notwendigkeiten und gleichzeitig Wahrnehmung von individuellen Herangehensweisen – auch im eigenen Lebenslauf. Briggs' Profil, viel zitiert als neben Margarete Schütte-Lihotzky „zweieinzigste" im „Roten Wien" bauende Frau, konnte durch die Forschungen der letzten Jahre an Facetten gewinnen,[2] vieles in ihrer Biografie blieb jedoch bruchstückhaft – ein ergiebiger Schaffensnachlass ist wie bei vielen ihrer Zeitgenossinnen nicht erhalten – und harrt der weiteren Erforschung.

Nicht untypisch für eine Tochter aus gutbürgerlichem Hause[3] begann die junge Ella Baumfeld 1898 eine künstlerische Ausbildung in der neu gegründeten privaten Kunstschule für Frauen und Mädchen, bevor es um 1900 auch Frauen wieder ermöglicht wurde, die allgemeine Abteilung und Fachklassen an der k. k. Kunstgewerbeschule zu besuchen. Baumfeld wechselte bereits im ersten Studienjahr (1901/02) an dieser Institution aus der Klasse für Kunststickerei in die Fachklasse Malerei von Koloman Moser, dessen Schüler*innen auch mit Innenausstattungen befasst waren.[4]

Die folgenden zwei Jahrzehnte in Baumfelds Leben waren von zahlreichen Orts- und Tätigkeitswechseln bestimmt – ein Lebensrhythmus, der charakteristisch für jene erste Generation weiblicher Architekturtätiger schien und Ausdruck eines steten, Hindernisse überwindenden Suchens und erfolgreichen Findens von Möglichkeiten der Professionalisierung oder, in zeitgenössischen Worten, „der Selbstvollendung"[5] war.

So verließ Baumfeld bereits im Wintersemester 1903/04 die Kunstgewerbeschule in Richtung New York und Berlin,[6] um sich als Volontärin in einer großen Berliner Möbelfabrik und als Privatschülerin bei einem Lehrer der Berliner Tischlerschule „praktisch mit der Herstellung von Möbeln zu befassen"[7]. Im Studienjahr 1905/06 kehrte sie kurzfristig als Hospitantin wieder in die Malerei-Klasse Koloman Mosers zurück. Baumfelds Studienarbeiten fanden sich öfters in den Leistungsdokumentationen der Institution;[8] auf der Weltausstellung 1904 in St. Louis wurde sie mit einer der zahlreichen an die Lehrenden und Schüler*innen der Wiener Kunstgewerbeschule vergebenen Medaillen geehrt.[9]

Vermutlich waren es anfänglich vor allem familiäre Gründe, zunehmend dann berufliche Möglichkeiten, die Ella Baumfeld in den folgenden Jahren immer wieder nach New York brachten: Seit 1900 war ihr Bruder Moritz (Maurice) Baumfeld als renommierter Kulturjournalist für New Yorker Zeitungen tätig;[10] 1907 heiratete sie dort den Juristen und Herausgeber Walter J. Briggs (Scheidung 1912);[11] im Oktober desselben Jahres eröffnete der neu berufene Direktor Maurice Baumfeld das deutsche Theater am Irving Place mit den von seiner Schwester gestalteten Gesellschaftsräumen, über deren modernen Stil auch nach Wien berichtet wurde.[12] Diesem wohl ersten innenarchitektonischen Auftrag folgten bald weitere wie für den New York Press Club 1909/10.[13]

Spätestens Anfang 1914 wieder in Wien, zeigte Ella Briggs Raumgestaltungen und Möbelentwürfe auf der 5. Mitgliederausstellung der Vereinigung bildender Künstlerinnen Österreichs und übernahm, neben kolportierten zahlreichen privaten Einrichtungsaufträgen, im Wiener Frauenclub die Leitung für dessen erste Kunstgewerbeausstellung, die Ende April eröffnet wurde.[14] Als wenig später der Erste Weltkrieg ausbrach, meldete sie sich für einige Monate als freiwillige Krankenpflegerin in Wien.[15]

Einblick in das Damenzimmer im deutschen Theater in New York, um 1909, in: *Kunst und Kunsthandwerk*, Heft 11, 1909

Groups of Families Can Build These Apartments

Designed by Ella B. Briggs, Architect

Beispiele für Apartmenthäuser, um 1923, in: *The Ladies' Home Journal*, October 1923

Ihre Mitarbeit als Innenarchitektin bei der Hofmöbelfabrik Sigmund Jaray wie auch beim Architekten Alfred Keller fiel kurz vor oder bereits in die Kriegszeit; im Sommer 1918 war sie bereits nachweislich beim damaligen Generalkonservator[16] Karl Holey als „Hilfs-Architektin in Stellung".[17]

In dieser Zeit rückte die Weiterbildung an einer Technischen Hochschule in Briggs' Fokus. In Deutschland bereits für Frauen möglich, änderten die ersten Kriegsjahre an der Technischen Hochschule Wien vorerst wenig an der Ablehnung des Zugangs von Frauen zum Studium. Doch durch Briggs' persönliche Vorsprache und ihr offizielles Ansuchen Ende 1916 gelang es ihr in einer Phase des akademischen Umbruchs, vermutlich erstmalig als Frau an der Architekturschule, für das Studienjahr 1917/18 die Zulassung als Hospitantin zu erwirken. Der Vorlesungsbesuch blieb weiterhin vom Wohlwollen und von der Zustimmung der einzelnen Professoren abhängig; immerhin ermöglichte ein aufgeschlossener Rektor die Ausstellung von Besuchsbestätigungen für Gasthörerinnen, noch entgegen der ministeriellen Anordnung.[18] Für ein ordentliches Studium der Architektur waren Frauen weiterhin auf den Ausweg ins Ausland angewiesen; erst im Studienjahr 1919/20 sollte der Zugang zum ordentlichen Studium der Architektur auch in Wien möglich werden. Briggs' Zulassungsansuchen im Sommer 1918 an gleich zwei deutschen Hochschulen, in München und Charlottenburg – im Übrigen beide erfolgreich –,[19] zeugen von beinahe ungeduldiger Zielstrebigkeit in der Sache und großer Flexibilität in der Umsetzung. Sie entschied sich für München, vielleicht weil dieser Studienstandort es ihr erleichterte, kurzfristig die für einen ordentlichen Studienabschluss nötige Matura, nun an der Realschule in Salzburg, nachzuholen. Ihre Münchner Personalakte spiegelt ein enormes Pensum zügig absolvierter Fächer wider, unter anderem Studienentwürfe bei Friedrich von Thiersch und Theodor Fischer, weiters die Berücksichtigung der an der Hochschule in Wien belegten Fächer sowie ein Ansuchen um Studienbegünstigungen, wie sie ihre männlichen Kommilitonen erwirken konnten, durch Vorlage des geleisteten Militärdienstes (als Krankenschwester). Bereits im Sommer 1920 legte Briggs nach nur vier Studiensemestern die Hauptdiplomprüfung mit „gut" ab.[20]

Dank ihrer Zielstrebigkeit konnte sie 1921 als erstes weibliches Mitglied in den Österreichischen Ingenieur- und Architekten-Verein aufgenommen werden.[21] Für die Zeit bald nach Studienende, als sich in Wien durch die Intervention des Nationalökonomen Otto Neurath gerade die Siedlerbewegung zu institutionalisieren begann, ist Briggs' kurzzeitige Tätigkeit bei Josef Frank und der neu gegründeten Baugilde Grundstein überliefert[22], die ihr jedoch offensichtlich keine längerfristige Perspektive bot. Denn bald schon wählte Briggs „in einem herzhaften Entschluss"[23] wieder den Weg ins Ausland. Sie pendelte in den folgenden Jahren mehrmals zwischen den Kontinenten, aber auch zwischen den Professionen der entwerfenden, publizierenden und auch fotografierenden Architektin.

Briggs dürfte in New York sowie dann auch in Philadelphia über gute berufliche Kontakte zu renommierten Architekturbüros verfügt haben. Besonders erfolgreich ließen sich ihre Entwürfe für Typenhäuser, wie sie amerikanische Zeitschriften ihren Leser*innen anboten, verwirklichen.[24] Das äußere Erscheinungsbild – „of the rural English type" – der Häuser sollte wohl den konventionellen Geschmack treffen. Ausführlich beschrieb Briggs bereits Möglichkeiten der Kostenersparnis von der Errichtung in Form mehrerer Ausbauphasen in „The House with a Future" oder gemeinschaftlicher Kleinhausgruppen in „Groups of Families Can Build These Apartments" bis hin zur Rationalisierung der Haushaltsführung mit mobiler Kücheneinrichtung und elektrischen Geräten in „We Plan a House for You".[25]

Der Kontakt zu Wien blieb währenddessen bestehen. Die Presse würdigte Briggs' Entwürfe amerikanischer Einfamilienhäuser in der Herbstausstellung

Einblick in die Küche mit Kochnische
im Pestalozzi-Hof, Wien 19, 1925/26,
in: Walter Müller-Wulckow, *Die deutsche
Wohnung der Gegenwart*, Königstein im
Taunus u. a. 1930

Pestalozzi-Hof, Ecke Billrothstraße/Philippovichgasse, Wien 19, 1925/26,
*Die Wohnhausanlage der Gemeinde Wien. Pestalozzi-Hof im 19. Bezirk,
Philippovichgasse (früher Felix Mottl-Straße), Wien 1926*

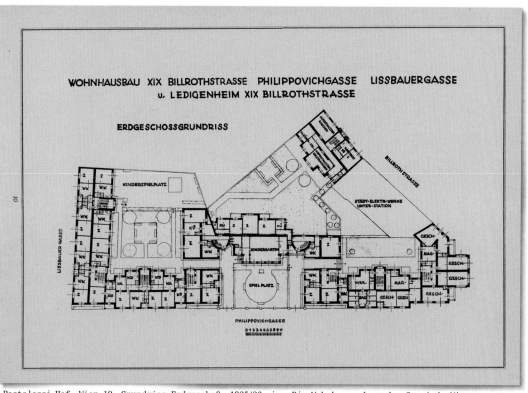

Pestalozzi-Hof, Wien 19, Grundriss Erdgeschoß, 1925/26, in: *Die Wohnhausanlage der Gemeinde Wien.*
Pestalozzi-Hof im 19. Bezirk, Philippovichgasse (früher Felix Mottl-Straße), Wien 1926

Pestalozzi-Hof, Wien 19, Front zum Gartenhof, 1925/26, in:
Wasmuths Monatshefte für Baukunst, Heft 2, 1928

des Wiener Künstlerhauses 1923.[26] Im Sommer 1924 führte sie ein Auftrag für einen Bildband der New Yorker Architectural Book Company zu italienischen Baudenkmälern nach Europa.[27]

Laut einem Zeitungsbericht dürfte Briggs sich möglicherweise bereits damals bei einem Wien-Besuch für das Bauprogramm der Gemeinde empfohlen haben,[28] bevor ihr im Juli 1925 offiziell „die Planverfassung, die Detaillierungsarbeit und die künstlerische Mitwirkung bei der Bauausführung unter Einhaltung der vom Stadtbauamt zu treffenden Anordnungen Bau 19. Felix Mottl-Straße [seit 1926 Philippovichgasse][29], Liesbauergasse–Billrothstraße (sic!)" übertragen wurden.[30] Das schmale, ansteigende Grundstück für den späteren Pestalozzi-Hof bildete den östlichen Abschluss eines von der Gemeinde neu parzellierten Areals, dessen kommunale Wohnbebauung bereits 1923/24 mit dem Klose-Hof von Josef Hoffmann begonnen worden war. Hoffmann sah die Ecklösung zur Billrothstraße als große gestalterische Herausforderung an, die er gerne auch selbst übernommen hätte[31] und die nun Teil des ersten umfassenden Planungsauftrags der 45-jährigen Architektin werden sollte. Die Einreichpläne im Juli 1925 unterzeichnete sie bereits nachdrücklich mit „Architekt Z. V. Ella Briggs" bzw. „Ing. Ella Briggs Architekt Z. V." und firmierte damit als erstes weibliches Mitglied der Zentralvereinigung der Architekten Österreichs (ZV), in die sie im selben Jahr aufgenommen worden war.[32]

Briggs meisterte die städtebaulich anspruchsvolle Ecklösung, die bereits von der Wagner'schen Stadtbahnstation Nußdorfer Straße kommend ins Auge fiel, mittels eines hoch aufgerichteten, kubisch gestaffelten Kopfbaus. Ein kräftiger Orangeton und zwei seitliche Säulenvorbauten lenkten die Aufmerksamkeit auf die urbane Geschäftszone im Erdgeschoß. Zu den Vorgaben des Stadtbauamts zählte die Ausbildung eines zentralen Straßenhofs[33] entlang der ansteigenden Philippovichgasse, der – für die Wiener Höfe charakteristisch – als einziger Zutrittsbereich zu sämtlichen Stiegen der Hofanlage fungierte. Im abgerückten Mitteltrakt wurde ebenerdig ein Kindergarten untergebracht; der orange verputzte Baukörper setzte sich deutlich von den weiß gehaltenen Wohngeschoßen darüber ab und betonte die besondere Widmung. Im mäandrierenden Grundriss der Gesamtanlage variierte Briggs die Zuschnitte von insgesamt 119 Wohnungen, soweit es das vorgegebene Raumschema zuließ; für das Wohnbauprogramm überdurchschnittlich viele davon,[34] nämlich mehr als die Hälfte, waren mit einer kleinen Loggia oder einem Balkon ausgestattet. Die bei den Wiener Hofanlagen durchaus gewünschte Vielfalt der Details spielte der Pestalozzi-Hof im Inneren aus, in der unterschiedlichen Gestaltung der Geländer und Plattenbeläge der neun Stiegenhäuser. Briggs' kunsthandwerkliche Expertise zeigte sich auch in der Ausstattung und Möblierung einer Musterwohnung.

Noch während der Errichtung der Hofanlage bereiste Ella Briggs auch für ein eigenes Buchprojekt mit dem Titel *Small Domestic and Provincial Architecture of Sicily* die italienische Insel und fotografierte wohl versehentlich ein militärisches Objekt. Sie wurde als vermeintliche deutsche Spionin arretiert, eine Geschichte, die um die Weihnachtsfeiertage 1925 nicht nur die heimische Tagespresse ausgiebig beschäftigte, sondern auch das U.S. State Department.[35] Von ihrer fotografischen Könnerschaft zeugen einige Aufnahmen der Italienreisen, die sich im Victoria and Albert Museum in London erhalten haben.[36]

Zur feierlichen Eröffnung des Pestalozzi-Hofs im Februar 1927 war das sizilianische Abenteuer überwunden und bereits ein über den Gartenhof der Wohnanlage benachbartes Ledigenheim in Planung. Als große Neuerung in Wien sollte es „auch Einzelstehende in den Genuss der Vorteile von Gemeindewohnungen"[37] bringen, wurde aber im März 1928 als Studentenheim der WIHAST (Wirtschaftshilfe der Arbeiterstudenten) eröffnet, in dem Studentinnen nur als Besucherinnen erlaubt waren.[38] Jedes Stockwerk bildete, durch ein

Ledigenheim, Billrothstraße, Wien 19, 1926/27, in: *Bauwelt*, 19, Heft 48, 1928

entsprechendes Schließsystem nur für seine Bewohner zugänglich, eine gemeinsame Wohneinheit aus sechs Zimmern (in Einzel- oder Doppelbelegung). Die Zimmerbereiche zeichneten sich an der Billrothstraße als vorkragende orange Baukörper ab, die sich um den hohen zentralen und grau gehaltenen Mittelkubus mit dem Stiegenhaus schlossen. Zentrum jeder Geschoßeinheit waren die Gemeinschaftsräume mit Wohnraum und Teeküche, Bad (mit Dusche) und Toilette, die nun an der Gartenfassade als weißer gestaffelter Baukörper nach außen traten. Briggs wollte den jungen Bewohnern ein „Heimgefühl" ermöglichen, das in der großstädtischen Wohnungsnot möblierte Zimmer nicht bieten konnten, indem „[d]ie jungen Menschen, die hier wohnen, [...] ihre Wohnbedürfnisse in jedem Stockwerk familienmäßig organisiert" vorfanden.[39]

Die Verwandtschaft der schlichten kubischen Formen des Pestalozzi-Hofs mit dem Neuen Bauen fand auch in der deutschen Fachpresse viel Beifall. Will man der Einschätzung des Berliner Architekturkritikers und Chefredakteurs der renommierten Fachzeitschrift *Wasmuths Monatshefte für Baukunst*, Leo Adler, folgen, so führte das stark regulierende Eingreifen des Stadtbauamts dazu, dass viele Architekt*innen, unter ihnen auch Briggs, Wien verließen.[40] Tatsächlich sollten möglichst viele selbstständige Architekt*innen mit einem Gemeindewohnbau betraut werden; einige wenige kamen öfter zum Zug.

Im Mai 1928 verfasste Briggs für das deutsche Zentralorgan der Wohnungsfürsorge *Wohnungs-Wirtschaft* einen kurzen Artikel über „Elektrizität im Haushalt", worin sie, bereits von Berlin aus, noch stark auf die Wiener Gegebenheiten Bezug nahm, ähnlich wie sie in einem *Bauwelt*-Artikel zum Ledigenheim und zu Kleinstwohnungshäusern im November desselben Jahres das Thema Kleinsthaushalte von ihrem eigenen Entwurf ausgehend bis zum aktuellsten Wiener Experiment Einküchenhaus kurz skizzierte.[41]

Im Herbst 1928 wurde Briggs bei ihrem ersten Berliner Bauprojekt mit der Planung von 53 Wohnungen beauftragt. Die private Auftraggeberin, die Gesellschaft für Spezialbauausführungen, wollte im boomenden Stadtteil Tempelhof-Mariendorf trotz des aktuell akuten Wohnungsmangels auf längere Sicht lukrative, großzügig dimensionierte Mietwohnungen errichten.[42] Der Vorgabe von strenger Blockrandbebauung folgend, gestaltete Briggs einen schlichten U-förmigen Baublock mit Flachdach. Aus den Straßenfronten in hellgelb gestocktem Zementputz ließ sie blaugrüne Loggiengruppen lichteinfangend in die für Berlin charakteristisch tiefen Vorgärten auskragen. Sie trugen gemeinsam mit den vertikalen Stiegenhausfenstern und den zurückversetzten Eckbereichen zur Rhythmisierung und Staffelung des Baukörpers bei. Die Überhöhung und Akzentuierung der Gebäudeecke in Richtung des neuen Mariendorfer Ortszentrums wurde Briggs von der Baubehörde verwehrt;[43] nur die Ausstattung einer ebenerdigen Geschäftszone als eigener vorspringender Baukörper mit Klinkerportalen reagierte auf den urbanen Kontext.

Bald nach Fertigstellung erschien in der *Bauwelt* bereits das Porträt des Mariendorfer Baus,[44] und Briggs beschrieb in derselben Ausgabe der renommierten Fachzeitschrift zwei Kleinwohnungsgrundrisse für ein zukünftiges Projekt, das in moderner Zeilenbauweise errichtet werden sollte,[45] jedoch nicht zur Ausführung kam. Die von Briggs publizierten Wohnungszuschnitte folgten keinem starren seriellen Schema, sondern variierten unterschiedlich große Wohnungen und berücksichtigten ihre Orientierung nach den Himmelsrichtungen; die möblierten Grundrissdarstellungen der Küchen zeigten mehr wohnlichen als einen streng funktionellen Charakter.

Briggs war während der Mariendorfer Planungen bereits Mitglied des Bundes Deutscher Architekten (BDA), nahm 1931 an der *Deutschen Bauausstellung* in Berlin in der Abteilung Internationale Ausstellung für Städtebau und Wohnungswesen teil und war als Vortragende im Rahmen der Begleitveranstaltung der Berliner Frauenkonferenz gefragt.[46]

Wohnbau in Berlin-Mariendorf, Straßenansicht Rathausstraße, 1930, in: *Bauwelt*, 21, Heft 18, 1930

Vom Deutschen Verein für Wohnungsreform wurde sie beauftragt, ihre Expertise in zwei Beiträge des *Handwörterbuchs des Wohnungswesens* einfließen zu lassen, zum „Laubenganghaus" und zur „Küche", in denen sie gelungene Lösungen ihrer Kolleg*innen, unter ihnen auch Margarete Schütte-Lihotzky, einer differenzierten Kritik unterzog oder sich im Falle des Laubengangtyps auch bewusst abwartend mit einer abschließenden Beurteilung äußerte.[47]

Als *Bauwelt*-Autorin galt ihr Interesse vielfältigen Bauaufgaben wie „Jugend-Tagesräumen" von Säuglingsheimen bis Jugendhorten und „Ausstellungs-Gestaltungen". Sie mischte unter die zahlreichen Best-Practice-Beispiele auch selbstbewusst eigene Projekte. Charakteristisch sind ihre detaillierten Angaben in praktischen Angelegenheiten wie zu Finanzierung, Organisation und Flächenbedarf bis hin zum (werbe-)wirksamen Einsatz von Farbe und Licht und zu leicht erfassbaren grafischen Darstellungen von Statistiken.[48] Jeweils brandaktuell reagierten ihre Lösungsansätze in „Praktische Fragen zur Erwerbslosensiedlung" 1931 auf die gerade im Umfeld von Stadtbaurat Martin Wagner diskutierte Einrichtung einer „Arbeitsgemeinschaft zum wachsenden Haus"[49] und in „Stockwerkswohnungs-Teilungen" 1932 auf den Notbehelf der politischen Führung in Berlin, mittels Wohnungsteilungen die vorherrschende Wohnungsnot zu lindern.[50]

Als ausführende Architektin trat Briggs in Berlin noch mit zwei schlichten Einfamilienhäusern im Berliner Vorort Kleinmachnow in Erscheinung;[51] sie dürfte jedoch ein erfolgreiches Atelier unterhalten haben.[52]

Die Machtergreifung der Nationalsozialisten 1933 bedeutete für die „Dreivierteljüdin" Ella Briggs den Ausschluss aus der Reichskammer der bildenden Künste und brachte auch ihre rege Tätigkeit in der Fachpresse zum Erliegen. Briggs' erstes Ansuchen um Arbeitserlaubnis an das britische Home Office 1936 war erfolglos. In einem Brief vom 3. April 1936 an das Royal Institute of British Architects (RIBA) beklagte sie die Situation in Berlin: „No public work of any kind is given to a Jewish person." Einige Wochen später schilderte sie von Wien aus ein ähnliches Bild. Über die genauen Umstände ihrer Emigration 1936 ist bislang wenig bekannt.[53] Doch schien sie bereits im gleichen Jahr, und später 1939, mit der Vorstellung eigener Werke im britischen *Architects' Journal* wieder als Autorin auf und erhielt bereits 1947 die englische Staatsbürgerschaft.[54]

Kurz nach dem Krieg war die 65-jährige Architektin in ein Bauprojekt in Bilston im mittelenglischen Black Country involviert. Für die vom Kohlebergbau geprägte Stadt hatte ihr ebenfalls emigrierter Landsmann Otto Neurath ab Juli 1945 als „Consulent for Human Happiness" – wie er Josef Frank noch in seinem letzten Brief berichtete – einen Beteiligungsprozess zur Hebung des Wohnstandards eingeleitet, den nach Neuraths plötzlichem Tod Ende des Jahres Marie Neurath mit der gemeinsam geplanten partizipativen Ausstellung fortsetzte.[55] Briggs' 1947 publizierte Entwürfe von zwei Häusern für ältere Menschen erinnern in ihrer Formensprache mit tiefer Eckloggia und abgerundeter Gebäudeflanke an eines der Landhäuser in Kleinmachnow. Für 72 weitere, in kleinen Verbänden gruppierte Wohnhäuser passte sie den Küchentypus wieder an die unterschiedlichen Wohnungsgrößen an.[56]

Ella Briggs soll auch in England weiterhin als selbstständige Architektin tätig gewesen sein. Die Nachweise weiterer Projekte warten noch auf ihre Offenlegung.

Sie verstarb 1977 in England mit 97 Jahren an Leukämie.

1 Ella Briggs, Küche, Lexikoneintrag in: Gerhard Albrecht et al. (Hrsg.), Handwörterbuch des Wohnungswesens, Jena 1930, S. 501.

2 Sabine Plakolm-Forsthuber, Künstlerinnen in Österreich 1897–1938. Malerei. Plastik. Architektur, Wien 1994; Kerstin Dörhöfer, Pionierinnen in der Architektur. Eine Baugeschichte der Moderne, Tübingen 2004; Ute Maasberg, Regina Prinz, Die Neuen kommen! Weibliche Avantgarde in der Architektur der zwanziger Jahre, Hamburg 2005; Katrin Stingl, Ella Briggs(-Baumfeld). Wohnbauten in Wien (1925/26) und Berlin (1929/30), Dipl.-Arb. Universität Wien, Wien 2008; Christine Zwingl, Sabina A. Riss, Carmen Trifina et al., Forschungsprojekt Architekturpionierinnen in Wien – suchen und sichtbar machen, Wien, seit 2021; Despina Stratigakos, Elana Shapira, Monika Platzer (Konzept), Die Wiederentdeckung von Ella Briggs, internationaler Workshop, Architekturzentrum Wien, 9.6.2022.

3 Inge Scheidl, Ella Briggs-Baumfeld, Az W Architektenlexikon Wien 1770–1945, www.architektenlexikon.at/de/65.htm (Zugriff 22.2.2022).

4 Universität für angewandte Kunst Wien, Kunstsammlung und Archiv (UaK), Nationale Ella Baumfeld, Studienjahr 1901/02, 1902/03, 1903/04.

5 O. A., Ella Briggs. Eine Wiener Architektin, in: Frau und Gegenwart, Heft 40, 1927, S. 12.

6 UaK, Katalog Fachklasse Koloman Moser, Studienjahr 1903/04.

7 Gisela Urban, Die Frau als Architektin, in: Neues Wiener Journal, 18.5.1928, S. 11.

8 Robert Schmid, Ella Briggs (1880–1977). Beiträge der österreichischen Architektin zum Bauen in einer Zeit der gesellschaftlichen Umwälzungen, des politischen Umbruchs und der wirtschaftlichen Not, Dipl.-Arb. Technische Universität Wien, Wien 2019, S. 11–13.

9 UaK, Archivbox mit Schriftverkehr über St. Louis 1904.

10 O. A., Moritz Baumfeld (1868–1913), https://de.mahlerfoundation.org/mahler/contemporaries/maurice-baumfeld (Zugriff 22.2.2022).

11 Sabine Plakolm-Forsthuber, Briggs (Briggs-Baumfeld), Ella (Elsa), www.biographien.ac.at/oebl/oebl_B/Briggs_Ella_1880_1977.xml (Zugriff 22.2.2022); Wiener Stadt- und Landesarchiv, Meldearchiv, Ella Briggs-Baumfeld, Meldezettel 1912.

12 Klara Ruge, Amerikanische Kunstausstellungen der Saison 1908 und 1909, in: Kunst und Kunsthandwerk, Heft 11, 1909, S. 562–582.

13 O. A., A Cleverly Handled Color Treatment, in: The Wall-Paper News and Interior Decorator, 1.1.1910, S. 35.

14 Daisy Minor, Ausstellung der bildenden Künstlerinnen Österreichs, in: Der Bund. Zentralblatt des Bundes österreichischer Frauenvereine, Heft 2, 1914, S.12 f.; E. F., Aus dem Reiche der Frau. Ausstellung der Kunstgewerblerinnen, in: Fremden-Blatt, 1.5.1914, S. 17.

15 Historisches Archiv der Technischen Universität München (HATUM), Personalakte Ella Briggs-Baumfeld, Blatt 10.

16 Vorlesungsverzeichnis der Technischen Universität Wien, Studienjahr 1917/18.

17 HATUM, Personalakte Ella Briggs-Baumfeld, Blatt 24v.

18 Juliane Mikoletzky, Teil I. Von den Anfängen bis zur Zulassung von Frauen zum ordentlichen Studium an österreichischen Technischen Hochschulen 1919, in: dies., Ute Georgeacopol-Winischhofer, Margit Pohl (Hrsg.), „Dem Zuge der Zeit entsprechend …". Zur Geschichte des Frauenstudiums in Österreich am Beispiel der Technischen Universität Wien, Wien 1997, S. 53–63.

19 HATUM, Personalakte Ella Briggs-Baumfeld, Blatt 25; Geheimes Staatsarchiv Preußischer Kulturbesitz, I. HA Rep 76b, Kultusministerium, Dekt. 4, Tit. VII, Nr. 6, S. 77 f.

20 HATUM, Personalakte Ella Briggs-Baumfeld, Blatt 59.

21 Scheidl, Briggs-Baumfeld, Az W Architektenlexikon.

22 Unter anderem in: o. A., Abenteuer einer Wiener Architektin in Sizilien, in: Der Tag, 24.12.1925, S. 2.

23 O. A., Ella Briggs, 1927, S. 12.

24 Ella Briggs, Amerikanische Einfamilienhäuser, in: Zeitschrift des Österreichischen Ingenieur- und Architekten-Verbandes, Heft 17/18, 1928, S. 146.

25 O. A., Active Lot Buying and Home Building in the Suburbs, o. J., S. 2 ff.; Ella Briggs, The House with a Future, in: Country Life, May 1923, S. 62 f.; dies., Groups of Families Can Build These Apartments, in: The Ladies' Home Journal, October 1923, S. 42, 103 f.; dies., We Plan a House for You, in: Good Housekeeping, March 1924, S. 35, 148, 150; siehe auch Schmid, Ella Briggs, 2019, S. 40–45.

26 O. A., Feuilleton. Herbstausstellungen, in: Wiener Zeitung, 7.12.1923, S. 2.

27 O. A., Abenteuer einer Wiener Architektin.

28 Ibid.

29 Mit Fertigstellung des Pestalozzi-Hofes 1927 Umbenennung eines Teils der Felix-Mottl-Straße in Philippovichgasse, siehe Stadt Wien, Magistratsabteilung 37 – Baupolizei, Bauakte EZ 1727.

30 Amtsblatt der Stadt Wien, Jg. XXXIV, 15.8.1925, S. 912.

31 Josef Hoffmann, Das Volkswohnhaus in der Felix Mottl-Straße, in: Die neue Wirtschaft, 8.7.1926, S. 13 f.

32 Stadt Wien, Bauakte EZ 1727; siehe auch o. A., Abenteuer einer Wiener Architektin. Briggs' Mitgliedschaft als ordentliches Mitglied außerhalb Österreichs ist zuletzt für 1933 nachgewiesen, siehe Verzeichnis der Mitglieder der Zentralvereinigung der Architekten Österreichs (ZV) nach dem Stand vom 1.6.1933, S. 31.

33 O. A., Die Wohnhausanlage der Gemeinde Wien Pestalozzi-Hof im 19. Bezirk, Philippovichgasse (früher Felix-Mottl-Straße), Wien o. J. (1927).

34 Zur Statistik siehe Anita Aigner, Der Schritt nach Draußen. Zur Phänomenologie des zugeordneten Außenraums in Wiener Wohnbauten 1919–1934, Diss. Technische Universität Wien, Wien 1998, S. 105, Tab. 2.

35 Unter anderem: o. A., Mrs. Briggs of New York Held as Spy in Sicily. Washington Orders an Immediate Inquiry, in: New York Times, 25.12.1925, o. S.; o. A., Abenteuer einer Wiener Architektin.

36 Siehe https://collections.vam.ac.uk/search/?q=ella%20briggs&page=1&page_size=15 (Zugriff 20.2.2022).

37 O. A., Die Wohnhausanlage Pestalozzihof. Das erste Wiener Ledigenheim, in: Die neue Wirtschaft, 24.2.1927, S. 7.

38 Pag., Kommunale Studentenheime. Zur gestrigen Eröffnung des ersten Studentenhauses der Gemeinde Wien, in: Der Tag, 13.5.1928, S. 3.

39 Ella Briggs, Ledigenheim und Kleinstwohnhäuser, in: Bauwelt, 19, Heft 48, 1928, S. 1132 f.

40 Leo Adler, Wohnhausblock und Ledigenheim
„Pestalozzihof" in Wien. Architektin: Ella
Briggs, in: Wasmuths Monatshefte für Baukunst,
Heft 2, 1928, S. 72.

41 Ella Briggs, Elektrizität im Haushalt, in:
Wohnungs-Wirtschaft, 4, Heft 10–12, 1927, S. 83;
Briggs, Ledigenheim, 1928, S. 1132 f.

42 Ella Briggs, Wohnbau in Berlin-Mariendorf, in:
Bauwelt, 21, Heft 18, 1930, S. 11 f.

43 Baupolizei Berlin-Tempelhof, Bauakte, Rathausstraße 82–83b, Königstraße 42–43.

44 Briggs, Wohnbau, 1930, S. 11 f.

45 Ella Briggs, Zwei Kleinwohnungsgrundrisse, in:
Bauwelt, 21, Heft 18, 1930, S. 577 f.

46 Dörhöfer, Pionierinnen, 2004, S. 69.

47 Briggs, Küche, Laubenganghaus, Lexikoneinträge
in: Albrecht et al., Handwörterbuch, 1930,
S. 449–451, 500–503.

48 Ella Briggs, Jugend-Tagesräume. Säuglingsheime
– Kindergärten – Jugendhorte, in: Bauwelt, 22,
Heft 8, 1931, S. 221–223; dies., Ausstellungs-
Gestaltungen, in: Bauwelt, 22, Heft 19, 1931,
S. 648–650.

49 Ella Briggs, Praktische Fragen zur Erwerbslosensiedlung, in: Bauwelt, 22, Heft 44, 1931,
S. 1394–1396.

50 Ella Briggs, Stockwerkswohnungs-Teilungen, in:
Bauwelt, 23, Heft 50, 1932, S. 1332 f.

51 Scheidl, Briggs-Baumfeld, Az W Architektenlexikon.

52 Gemäß dankenswerter Information von Prof. Elana
Shapira; sie erforscht aktuell die Akten der
Restitutionsansuchen von Ella Briggs in Berlin.

53 Charlotte Benton, A Different Word. Emigré
Architects in Britain 1928–1958, o. O. 1996,
S. 66 und Fußnoten 81 f., S. 146.

54 O. A., Block of Flats in Berlin, Designed by
Ella B. Briggs, in: The Architects' Journal,
16.7.1936, S. 89 f; o. A., House near Berlin,
Designed by Ella B. Briggs, in: The Architects'
Journal, 2.2.1939, S. 211 f.

55 Marco Amati, Engagement and Exhibitionism in
the Era of High Modernism. The Example of 1940s
Bilston, in: Robert Freeston, Marco Armati
(Hrsg.), Exhibition and the Development of
Modern Planning Culture, 2014, Cap. 10; Sabrina
Rahman, Happiness and Housing in 1940s Bilston,
in: Art & Heritage, January–June 2014, S. 22 f.

56 O. A., Houses at Bilston, Notts, Designed by
Ella B. Briggs, in: The Architects' Journal,
2.1.1947, S. 15 f.

ANMELDUNG

als Mitglied der Zentralvereinigung der Architekten in der Berufsvereinigung der
bildenden Künstler Österreichs
Wien I., Salvatorgasse 10,Stg.6,Tür 4 - Tel. U 23 3 18
- -

1. Vor- und Zuname des Aufnahmewerbers: *ILSE KOČI geb. WESCHTA*

2. Berufsbezeichnung, Titel: *ARCH.DIPL.-ING. DR.TECHN.*

3. Wohnort, Strasse, Hausnummer: *VI. LAIMGRUBENG. 19/3*

4. Arbeitsstätte, Ort, Strasse:

5. Telefon:

6. Geburtsort und Land: *WIEN*

7. Geburtstag, Monat, Jahr: *26.3.19*

8. Staatszugehörigkeit: *ÖSTERR.*

9. Religion: *R.-K.*

10. Sind Sie ledig,verheiratet,verwitwet oder geschieden: *VERHEIR.*

11. Haben Sie die Befugnis eines Architekten und sind Sie daher Mitglied der Ingenieurkammer für Wien, Niederösterreich und Burgenland ?: *NEIN*

12. Wie üben Sie Ihre künstlerische Tätigkeit aus ?: *bin erst vor 14 Tage übersiedelt*
a) selbständig: *habe seit 1948 in der ČSR gearbeitet und zwar*
   2 Jahre in einem Bauträro. *3 Jahre beim*
b) in einem Arbeitsverhältnis: *Hochbauamt und 4 Jahre selbständig*
c) bei wem: *dig und zwar Wohnbauten, Inneneinrichtungen,*
   Ausstellungen und Wettbewerbe in Zusammenarbeit
   mit meinem Gatten Dipl.Ing. Jan Koči.

13. Welche bedeutenden Bauwerke sind unter Ihrem Namen und nach Ihren eigenen Entwürfen
ausgeführt ?:
Innenein. Gaststätte "Buffett" "Perle" Pressburg Michalska 2
" " "Hotel Palace" Pressburg und
völlige Umadaptierung. In Zusammenarbeit mit meinem Mann:
66 Wohneinheiten in Hlohovec (Kagenstadt.) Kultur-
haus in Bučany. Stadion in Bučany.

14. Bei welchen bedeutenderen Werken waren Sie hinsichtlich der Entwurfsarbeit maßgeblich
beteiligt?:
Verwaltungsgebäude in Karlau für die staatl. Forst-
verwaltung. Kurhaus in Bad Pistyan. Einfamilienhaus
in Hlohovec (Kagenstadt) Hotelneubau an der Donau-
lände, Pressburg.

Gruppenfoto mit Ilse Koči (Zweite
von rechts) in Steyr, 1940er-Jahre,
Privatbesitz

Wien, am 6.Juni 1957.

B e s t ä t i g u n g.

Vom Rektorate der Technischen Hochschule in Wien wird hiemit
bestätigt, dass Frau Ilse W e s c h t a , verehelichte Koci, geboren am 26.März 1919 in Wien (Matr.Nr.413/1937) die II.Staats-
prüfung aus Architektur am 4.Feber 1942 bestanden hat und somit
berechtigt ist, die Standesbezeichnung " Diplom-Ingenieur "
(Dipl.Ing.) zu führen.

Obgenannte ist am 5.Juli 1947 zum Doktor der technischen
Wissenschaften promoviert werden.

Der Direktor der Rektoratskanzlei :

Dr. Stein
Hofrat.

Ilse Koči
1919–2010

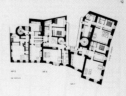

architektenatelier
dipl. ing. dr. techn. jān
dipl. ing. dr. techn. ilse **KOČI**
ab 15. mai 1963 in

wien III, strohgasse 26
telefon   73 57 76

82 m², in der Sonnenfelsgasse 17 neun Wohnungen zwischen
70 m² und 129 m², Lift, Zentralheizung, Gegensprechanlage, automatische Waschküche, Gemeinschaftsantenne sind zeitgenössische Attribute der intim gebliebenen Wohnhäuser. Die Dachgeschosse lassen sich zu romantischen Ateliers (bis zu 140 m²)
ausbauen. Weiters wurden in den beiden Häusern insgesamt
fünf Geschäftslokale zwischen 34 m² und 92 m² geschaffen.
Die gesamten Gestehungskosten lagen für die beiden Objekte
bei rund 15 Millionen Schilling. Erstmals wurden hier zur
Modernisierung der Wohnungen Förderungsmittel nach dem
Wohnungsverbesserungsgesetz 1969 herangezogen. Ihr Anteil
betrug zwar nur rund ein Drittel der Baukosten, gewährte aber
den Wohnungswerbern günstige Rückzahlungsmodalitäten über
zwölf Jahre. Aus der Altfassadenaktion des Kulturamtes der
Stadt Wien und vom Bundesdenkmalamt (Denkmalschutz) wurden
Zuschüsse zur Verfügung gestellt. Der Rest ist frei finanziert.

Maria am Gestade 3, 5 und 7 (zur Zeit in Umbau)
Nach den Plänen von Frau Architekt Koči ist hier im Frühjahr
1972 mit der Sanierung begonnen worden. Die Übergabe der
Wohnungen wird etappenweise bis Ende 1973 erfolgen. Ein bemerkenswertes Detail für den Kulturhistoriker: Nach dem Abbruch
unbrauchbaren Mauerwerkes ist man hier auf Teile der altrömischen Befestigungsmauer gestoßen, die vom Bundesdenkmalamt
in sorgfältiger Kleinarbeit bloßgelegt und instandgesetzt werden.
Der Bauaufwand für dieses Sanierungsobjekt wird bei rund
20 Millionen Schilling liegen. Die Finanzierung erfolgt hier wie
bei den Häusern Schönlaterngasse und Sonnenfelsgasse teils
aus Mitteln des Wohnungsverbesserungsgesetzes, teils frei. Um
Zuschüsse aus der Altfassadenaktion und vom Bundesdenkmalamt wurde angesucht.
Insgesamt werden in den drei Häusern 21 Wohnungen zwischen
48 m² und 110 m² entstehen. Auch im Dachgeschoß des Hauses 7
werden zwei Wohnungen eingerichtet. Die fünf Geschäftslokale
werden völlig neu adaptiert.

Kostspielige Sanierungen wie die eben geschilderten sind auf
jene Wohnungsinteressenten ausgerichtet, die eine neue Wohnqualität in historisch gewachsener, städtischer Atmosphäre und
zentraler Lage suchen und solchen Lösungen gegenüber gleichausgestatteten Neubauwohnungen den Vorzug geben. Die EKA-
ZENT sieht in der Erfüllung dieser Wünsche eine ihrer wichtigsten und schönsten Aufgaben.

11 Blick auf die Objekte „Am Gestade" 3, 5 und 7 vor Beginn der Sanierung
12 Grundriß eines Regelgeschosses in den sanierten Objekten (Architekt
Koči)
Maßstab 1 : 500

174

Text von Ingrid Holzschuh

ANMELDUNG

als Mitglied der Zentralvereinigung der Architekten in der Berufsvereinigung der
bildenden Künstler Österreichs
Wien I., Salvatorgasse 10,Stg.6,Tür 4 - Tel. U 23 3 18

- -

1. Vor- und Zuname des Aufnahmewerbers: *ILSE KOČI geb. WESCHTA*

2. Berufsbezeichnung, Titel: *ARCH.DIPL.-ING. DR.TECHN.*

3. Wohnort, Strasse, Hausnummer: *VI. LAIMGRUBENG. 19/3*

4. Arbeitsstätte, Ort, Strasse:

5. Telefon:

6. Geburtsort und Land: *WIEN*

7. Geburtstag, Monat, Jahr: *26.3.19*

8. Staatszugehörigkeit: *ÖSTERR.*

9. Religion: *R.-k.*

10. Sind Sie ledig,verheiratet,verwitwet oder geschieden: *VERHEIR.*

11. Haben Sie die Befugnis eines Architekten und sind Sie daher Mitglied der Ingenieur-
    kammer für Wien, Niederösterreich und Burgenland ?: *NEIN*

12. Wie üben Sie Ihre künstlerische Tätigkeit aus ?: *bin erst vor 14 Tagen übersiedelt,*
    habe seit 1948 in der ČSR gearbeitet **und zwar**

    a) selbständig: *2 Jahre in einem Baubüro, 3 Jahre beim*

    b) in einem Arbeitsverhältnis: *Denkmalamt und 4 Jahre selbstän-*

    c) bei wem: *dig und zwar Wohnbauten, Inneneinrichtungen*
    Ausstellungen und Wettbewerbe in Zusammenarbeit
    mit meinem Gatten Dipl. Ing. Jan Koči.

13. Welche bedeutenden Bauwerke sind unter Ihrem Namen und nach Ihren eigenen Entwürfen
    ausgeführt ?:

    Inneneinr. Gaststätte u. Buffett "Perle" Pressburg Michalska 2
    "Hotel Palace" Pressburg und
    völlige Neuadaptierung. In Zusammenarbeit mit meinem Mann:
    66 Wohneinheiten in Hlohovec (Waagneustadtl.) Kultur-
    haus in Bučany. Stadion in Surany.

14. Bei welchen bedeutenderen Werken waren Sie hinsichtlich der Entwurfsarbeit maßgeblich
    beteiligt?:

    Verwaltungsgebäude in Kaschau für die staatl. Forst-
    verwaltung. Klubhaus in Bad Pistyan. Einfamilienhaus
    in Hlohovec (Waagneustadtl.) Hotelneubau an der Donau-
    lände, Pressburg.

Anmeldeformular für die Mitgliedschaft in der Zentralvereinigung der Architekten Österreichs
vom 12.4.1957, Archiv ZV, Mitgliedsakt Ilse Koči

Wien,am 6.

Bestätigung.

Ilse Koči (geb. Weschta) wurde am 26. März 1919 geboren. Nach Ablegung der gymnasialen Reifeprüfung 1937 begann sie das Studium der Architektur an der Technischen Hochschule Wien (TH Wien), das sie 1942 abschloss. Ihre gesamte Ausbildungszeit fiel in die Zeit des Nationalsozialismus und ein großer Teil in die Kriegsjahre – eine besonders schwierige Lebenssituation für eine junge Architekturstudentin. Ihre erste Praxiserfahrung sammelte sie von 1939 bis 1941 als Werkstudentin in der Bauabteilung der Firma Donauchemie A.G.,[1] eines Unternehmens der IG Farben, die in der NS-Zeit unter anderem durch Enteignungen zum weltweit größten Chemie- und Pharmaunternehmen aufstieg.

Bereits zu Beginn ihres Studiums bildete sich Kočis Interesse für das Thema des historischen Baubestands heraus, das an der TH Wien am Lehrstuhl für Baukunst und Bauaufnahmen von Max Theuer[2] unterrichtet wurde. Nachdem sie am 4. Februar 1942 die zweite Staatsprüfung abgelegt hatte, trat sie eine Stelle als Theuers wissenschaftliche Assistentin an.[3] Während ihrer Tätigkeit an der Hochschule bemühte sie sich um Kooperationen mit den Denkmalämtern in Wien und Linz. Unter ihrer Leitung entstanden so mehrere praxisbezogene Bauaufnahmen mit Student*innen der TH Wien.[4] Von einer dieser Baudokumentationen in der Wiener Altstadt berichtete das *Neue Wiener Tagblatt* am 6. Juli 1943 in dem Artikel „‚Kulissenhäuser' werden erklettert". In diesem wird die junge Studierendengruppe beschrieben, die unter der Leitung der „Assistentin Frau Diplomingenieur Ilse Weschta" Bauaufnahmen durchführte. Ein ungewohnter Anblick für die Passant*innen waren die „Mädchen, die hier auf Feuerwehrleitern steigen, um ein Gesimse zu zeichnen", und „gut geschnittene Männerhosen" trugen.[5] Da Max Theuer schwer erkrankte, übernahm Koči von 1946 bis 1947 die interimistische Gesamtleitung des Instituts für Baukunst.[6] 1947 promovierte sie mit ihrer Dissertation „Das Bürgerhaus in Steyr", die die Inventarisierung des Baubestands der Altstadt von Steyr zum Thema hatte und in der sie Parzellengröße und -form, Grundriss und Aufbau, Werkstoffe und Baukonstruktionen, die innere Ausgestaltung und die Fassaden dokumentierte.[7] Damit schuf sie eine wichtige Grundlage für eine über die rein kunsthistorische Wertung hinausreichende Bestandsanalyse bürgerlicher Profanbaukunst.[8]

Während ihrer Studienzeit an der TH Wien lernte sie ihren Kollegen und späteren Ehemann Ján Koči (1922–2004) kennen, der aus der Slowakei stammte und 1945 an der TH Wien sein Architekturstudium abschloss. Den Wunsch, nach ihrer wissenschaftlichen Tätigkeit als freischaffende Architektin in Wien zu arbeiten, bestätigt das Ansuchen zur Aufnahme in die Zentralvereinigung der Architekten Österreichs (ZV), das sie bereits 1947 stellte, jedoch kurz darauf wieder zurückzog.[9] Grund war ihre Übersiedlung nach Bratislava im Jahr 1948, wo Ilse und Ján Koči nach ihrer Eheschließung versuchten, als selbstständige Architekt*innen Fuß zu fassen. Ein Jahr später, 1949, kam ihre gemeinsame Tochter Silvia zur Welt.

In Bratislava arbeitete Ilse Koči zwei Jahre als Chefarchitektin bei der „Hotelgesellschaft" und zeichnete für die Planung der Inneneinrichtung von diversen Gaststätten und dem Buffet Perle in „Pressburg Michalska 2" sowie der Adaptierung des Hotel Palace verantwortlich.[10] Ihr Mann Ján Koči[11] war ab 1950 wissenschaftlicher Assistent an der Technischen Hochschule in Bratislava. Neben ihren Angestelltenverhältnissen arbeiteten Ilse und Ján Koči auch an selbstständigen Projekten, wie an Wohnhäusern in Hlohovec mit 66 Wohneinheiten, einem Kulturhaus in Bučany und einem Stadion in Šurany. Ilse Koči war ebenso maßgeblich an der Planung eines Verwaltungsgebäudes für die staatliche Forstverwaltung in Košice, eines Klubhauses in Piešťany, eines Einfamilienhauses in Hlohovec sowie eines Hotelneubaus an der Donauländе in Bratislava beteiligt. Aus einer Vielzahl an Wettbewerben wurden ihre Vorschläge für einen Wettbewerb für Kulturhäuser (1947, zweiter Preis) und für ein

. Stadion in Turany.

ren Werken waren Sie hinsichtlich der Entwurfsarbeit maßgeblich

...ebäude in Karlsbad für die Staatl. Forst -

...Klubhaus in Bad Pistyan. Einfamilienhaus

(Wagnerstadtl.) Hotelneubau an der Donau -

...urg.

architektenatelier

dipl. ing. dr. techn. ján
dipl. ing. dr. techn. ilse   **KOČI**

ab 15. mai 1963 in

wien III, strohgasse 26
telefon   73 57 76

Visitenkarte des Büros Ján und Ilse Koči in der Strohgasse 26, Wien 3, um 1963, Archiv ZV, Mitgliedsakt Ilse Koči

Wien, am 6.Juni 1957.

B e s t ä t i g u n g.

Vom Rektorate der Technischen Hochschule in Wien wird hiemit bestätigt, dass Frau Ilse W e s c h t a , verehelichte Koci, geboren am 26.März 1919 in Wien (Matr.Nr.413/1937) die II.Staatsprüfung aus Architektur am 4.Feber 1942 bestanden hat und somit berechtigt ist, die Standesbezeichnung " Diplom-Ingenieur " (Dipl.Ing.) zu führen.

Obgenannte ist am 5.Juli 1947 zum Doktor der technischen Wissenschaften promoviert werden.

Der Direktor der Rektoratskänzlei :

Hofrat.

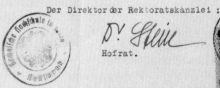

Bestätigung der Technischen Hochschule Wien über die Berechtigung zur Führung des Titels „Diplom-Ingenieur" vom 6.6.1957, Archiv ZV, Mitgliedsakt Ilse Koči

Volks- und Hauptschule der Stadt Wien, Georg-Bilgeri-Straße, Wien 22, 1968, in: Elise Sundt, Monika Klenovec et al. (Hrsg.), *Ziviltechnikerinnen*, Wien 1982

der

- - - -

p

Wohnanlage der Stadt Wien, Breitenfurter Straße, Wien 23, 1963–1965, in: Elise Sundt, Monika Klenovec et al. (Hrsg.), *Ziviltechnikerinnen*, Wien 1982

nieur-

beim

würfen

a 2

Mann:

aßgeblich

B e s t ä t i g u n g .

11

82 m², in der Sonnenfelsgasse 17 neun Wohnungen zwischen 70 m² und 129 m². Lift, Zentralheizung, Gegensprechanlage, automatische Waschküche, Gemeinschaftsantenne sind zeitgenössische Attribute der intim gebliebenen Wohnhäuser. Die Dachgeschosse lassen sich zu romantischen Ateliers (bis zu 140 m²) ausbauen. Weiters wurden in den beiden Häusern insgesamt fünf Geschäftslokale zwischen 34 m² und 92 m² geschaffen.
Die gesamten Gestehungskosten lagen für die beiden Objekte bei rund 15 Millionen Schilling. Erstmals wurden hier für die Modernisierung der Wohnungen Förderungsmittel nach dem Wohnungsverbesserungsgesetz 1969 herangezogen. Ihr Anteil betrug zwar nur rund ein Drittel der Baukosten, gewährte aber den Wohnungswerbern günstige Rückzahlungsmodalitäten über zwölf Jahre. Aus der Altfassadenaktion des Kulturamtes der Stadt Wien und vom Bundesdenkmalamt (Denkmalschutz) wurden Zuschüsse zur Verfügung gestellt. Der Rest ist frei finanziert.

Maria am Gestade 3, 5 und 7 (zur Zeit in Umbau)
Nach den Plänen von Frau Architekt Koči ist hier im Frühjahr 1972 mit der Sanierung begonnen worden. Die Übergabe der Wohnungen wird etappenweise bis Ende 1973 erfolgen. Ein bemerkenswertes Detail für den Kulturhistoriker: Nach dem Abbruch unbrauchbaren Mauerwerkes ist man hier auf Teile der altrömischen Befestigungsmauer gestoßen, die vom Bundesdenkmalamt in sorgfältiger Kleinarbeit bloßgelegt und instandgesetzt werden. Der Bauaufwand für dieses Sanierungsobjekt wird bei rund 20 Millionen Schilling liegen. Die Finanzierung erfolgt hier wie bei den Häusern Schönlaterngasse und Sonnenfelsgasse teils aus Mitteln des Wohnungsverbesserungsgesetzes, teils frei. Um Zuschüsse aus der Altfassadenaktion und vom Bundesdenkmalamt wurde angesucht.
Insgesamt werden in den drei Häusern 21 Wohnungen zwischen 48 m² und 110 m² entstehen. Auch im Dachgeschoß des Hauses 7 werden zwei Wohnungen eingerichtet. Die fünf Geschäftslokale werden völlig neu adaptiert.

Kostspielige Sanierungen wie die eben geschilderten sind auf jene Wohnungsinteressenten ausgerichtet, die eine neue Wohnqualität in historisch gewachsener, städtischer Atmosphäre und zentraler Lage suchen und solchen Lösungen gegenüber gleichausgestatteten Neubauwohnungen den Vorzug geben. Die EKAZENT sieht in der Erfüllung dieser Wünsche eine ihrer wichtigsten und schönsten Aufgaben.

11 Blick auf die Objekte „Am Gestade" 3, 5 und 7 vor Beginn der Sanierung

12 Grundriß eines Regelgeschosses in den sanierten Objekten (Architekt Koči)
Maßstab 1 : 500

12

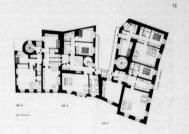

174

Häusergruppe Maria am Gestade 3–7 nach der Sanierung, Wien 1, 1973, in: *Der Aufbau*, Heft 5/6, 1973

Verwaltungsgebäude in Žilina („erste Belohnung") prämiert.[12] Darüber hinaus war Ilse Koči drei Jahre im Denkmalamt in Bratislava tätig.[13]

Nach fast zehnjähriger Berufstätigkeit in der Tschechoslowakei entschlossen sich Ilse und Ján Koči, ihren Lebensmittelpunkt wieder nach Wien zu verlagern, da Ján Koči, wie er 1958 in seiner Dissertation angibt, „mit den politischen Verhältnissen" in seiner Heimat „nicht einverstanden war".[14] Möglicherweise wurde ihr Entschluss durch die schwierige politische Situation und die Folgen der Unruhen im Herbst 1956 in Ungarn bestärkt. Bereits im Juni 1957 suchte Ilse Koči um Aufnahme als Mitglied in die ZV an,[15] und 1958 wurde ihr die Befugnis einer Ziviltechnikerin verliehen. Im gleichen Jahr promovierte ihr Mann zum Thema „Vorgefertigte mehrgeschoßige Wohnhäuser und ihre Beziehung zur freien architektonischen Gestaltung" an der TH Wien.

Mit der Ziviltechnikerbefugnis begann Kočis Weg als selbstständige Architektin in Wien. Gemeinsam mit ihrem Mann arbeitete sie in einem Architekturatelier in der Laimgrubengasse 19, das 1963 in die Strohgasse 26 übersiedelte[16] und mit ihrer Ziviltechnikerbefugnis geführt wurde. Das Büro beschäftigte sich mit Bauaufgaben des Wohn- und Schulbaus, aber auch des Theaterbaus. Ein Schwerpunkt der Tätigkeit von Ján und Ilse Koči lag in den historisch-städtebaulichen Untersuchungen und der Restaurierung von denkmalgeschützten Häusern.[17] Zu ihren bekanntesten Bauten in Wien zählt die Volksschule in der Georg-Bilgeri-Straße 13 in Wien-Donaustadt, die 1968 eröffnet wurde und ein frühes Beispiel eines Fertigteilbaus ist.[18] „Unter den wissenschaftlichen Arbeiten ist die 1968 vorgelegte Studie über die Schaffung einer durchgehenden Fußgängerzone in Wien im Bereich Naglergasse/Graben/Kärntner Straße hervorzuheben, die damals noch als undurchführbar abgelehnt und erst in zögernden Etappen von 1973 bis 1989 verwirklicht wurde."[19] 1972 begann die Revitalisierung der bis ins 14. Jahrhundert zurückreichenden Häusergruppe Maria am Gestade 3–7 nach Plänen von Ilse Koči. Von der Ekazent, einer Tochtergesellschaft der Zentralsparkasse der Gemeinde Wien, finanziert, entstanden im historischen Baubestand insgesamt 21 neue Wohnungen.[20] Der Wohnbau der Gemeinde Wien in der Breitenfurter Straße 291–297 in Liesing entstand von 1976 bis 1978.[21] Charakteristisch für die Anlage sind der lang gestreckte Straßentrakt entlang der Breitenfurter Straße und die fünf nach hinten geführten Quertrakte mit Flachdach, die für eine optimale Belichtung und Belüftung der Wohnräume sorgen.

Zu Beginn der 1970er-Jahre übernahm das Architekturbüro Koči auch die Planung der Rekonstruktion der Stadtbahnstation von Otto Wagner am Karlsplatz, wobei „das von beiden während des Abbaus 1971/72 entwickelte Verfahren zur Nummerierung, Katalogisierung und systematischen Lagerung der zerlegten Bauteile Grundlage für die authentische Wiederherstellung" war.[22] Die Fertigstellung erfolgte 1979. Weitere Projekte im Bereich der Denkmalpflege waren der Umbau der Wiener Kammeroper in der Drachengasse und das Konservatorium der Stadt Wien in der Johannesgasse.[23] Eines der letzten Werke von Ilse Koči ist der von 1980 bis 1986 durchgeführte Umbau der ehemaligen Tschechischen Realschule Komenský in der Herbststraße 104 in Wien-Ottakring, eines Jugendstilgebäudes, dessen Nutzfläche auf das Doppelte erweitert wurde.

Ilse Koči war eine Pionierin im Bereich der Denkmalpflege, sowohl als wissenschaftliche Assistentin an der TH Wien als auch als Architektin, die mit ihren Bauaufnahmen und theoretischen Arbeiten wichtige Grundlagen für die Erhaltung des historischen Baubestands schuf. Obwohl im Zuge ihrer Tätigkeit als selbstständige Architektin in Bratislava wie in Wien auch eine Vielzahl an Neubauten entstand, blieb die Frage nach dem „Bauen im Bestand" ein zentrales Thema für sie.

1 Ute Georgeacopol-Winischhofer, Koči, Ilse, geb. Weschta, in: Brigitta Keintzel, Ilse Korotin (Hrsg.), Wissenschafterinnen in und aus Österreich. Leben – Werk – Wirken, Wien u. a. 2002, S. 386–388, hier S. 386.

2 Max Theuer (1878–1949) war von 1924 bis 1948 ordentlicher Professor für Baugeschichte (architektonische Formenlehre und Baukunst) an der TH Wien und mehrmals Dekan der Fakultät für Architektur.

3 AT-OeStA/AdR, HBbBuT BMfHuW Titel ZivTech H–L 4826–4828 Koči, Ilse. Koči war vom 1.1.1942 bis 30.4.1948 wissenschaftliche Assistentin an der Lehrkanzel Baukunst der TH Wien.

4 Archiv der Zentralvereinigung der ArchitektInnen Österreichs (ZV), Mitgliedsakt Ilse Koči, Anmeldung vom 12.6.1957.

5 O. A., „Kulissenhäuser" werden erklettert. Wiener Studenten ergründen architektonische Besonderheiten, in: Neues Wiener Tagblatt, 6.7.1943.

6 Archiv ZV, Mitgliedsakt Ilse Koči, Anmeldung vom 12.6.1957.

7 Ilse Weschta, Das Bürgerhaus in Steyr. Altstadt Steyr, Steyrdorf und Ennsdorf, Diss. Technische Hochschule Wien, Wien 1947.

8 Georgeacopol-Winischhofer, Koči, 2002, S. 387.

9 Archiv ZV, Mitgliedsakt Ilse Koči, Fragebogen vom 3.12.1947 und Schreiben der ZV an Ilse Weschta vom 13.1.1948.

10 Archiv ZV, Mitgliedsakt Ilse Koči, Anmeldung vom 12.6.1957; O. A., Koči Ilse, in: Elise Sundt, Monika Klenovec et al. (Hrsg.), Ziviltechnikerinnen, Wien 1982, S. 48 f.

11 Ján Koči wurde am 22.8.1922 in Valkaz in der Tschechoslowakei geboren und besuchte in Bratislava die höhere Baugewerbeschule, die er 1942 abschloss. Anschließend inskribierte er an der TH Wien Architektur und schloss 1945 das Diplom ab. Nach seinem Militärdienst wurde er wegen Krankheit beurlaubt und arbeitete im Bauunternehmen seines Vaters in Piešťany. Ab 1946 war er leitender Architekt in der Bauabteilung der Staatlichen Forstverwaltung in der Slowakei. 1950 wurde er wissenschaftlicher Assistent und Lehrbeauftragter an der Lehrkanzel für Hochbau und Entwerfen an der technischen Hochschule in Bratislava. Daneben war er mit seiner Frau selbstständig tätig.

12 Archiv ZV, Mitgliedsakt Ilse Koči, Anmeldung vom 12.6.1957; Ján Koči, Vorgefertigte mehrgeschoßige Wohnhäuser und ihre Beziehung zur freien architektonischen Gestaltung, Diss. Technische Hochschule Wien, Wien 1958, Anhang Lebenslauf.

13 Archiv ZV, Mitgliedsakt Ilse Koči, Anmeldung vom 12.6.1957.

14 Koči, Vorgefertigte mehrgeschoßige Wohnhäuser, 1958, Anhang Lebenslauf.

15 Archiv ZV, Mitgliedsakt Ilse Koči, Schreiben der ZV vom 19.6.1957. Kočis Austritt erfolgte 1975.

16 AT-OeStA/AdR, HBbBuT BMfHuW Titel ZivTech H–L 4826–4828 Koči, Ilse. Akt zur Verleihung der Ziviltechnikerbefugnis.

17 O. A., Koči, Ilse, 1982, S. 48 f.

18 O. A., 50 Jahre Georg-Bilgeri-Volksschule. Reise in die Vergangenheit, www.meinbezirk.at/donaustadt/c-lokales/50-jahre-georg-bilgeri-volksschule-reise-in-die-vergangenheit_a2583236 (Zugriff 3.5.2022).

19 Georgeacopol-Winischhofer, Koči, 2002, S. 388.

20 Senta Ziegler, Sanierungen im Rahmen der Altstadterhaltung in Wien, in: Der Aufbau, Heft 5/6, 1973, S. 174.

21 O. A., Wohnanlage Breitenfurter Straße 291–297, www.wienerwohnen.at/hof/1671/Breitenfurter-Strasse-291-297.html (Zugriff 3.5.2022).

22 Georgeacopol-Winischhofer, Koči, 2002, S. 387.

23 Ibid.

Porträtfoto Helene Koller-Buchwieser, 1945,
Österreichische Nationalbibliothek, Bild-
archiv und Grafiksammlung, Foto: United
States Information Service (USIS), Wien,
16.8.1945

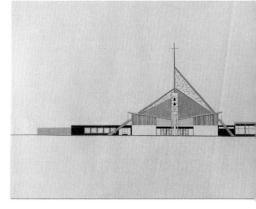

Helene Koller-Buchwieser
1912–2008

Text von Christina Zessner-Spitzenberg

Wohnhaus Böcklinstraße 7, Wien 2, 1965, International Archive of Women in Architecture (IAWA), Virginia Tech, Blacksburg, Virginia, MS95-020

Helene Koller-Buchwieser war Architektin, Zivilingenieurin und Baumeisterin. Sie plante von 1945 bis 1995 vor allem in Wien und Umgebung Kirchen, Wohn- und Sozialbauten. Ihr besonderes Interesse galt dabei dem Sakralbau, was man vor allem in ihrer persönlichen Religiosität begründet sehen kann.

Helene Koller-Buchwieser wurde am 26. November 1912 in Wien als erstes von vier Kindern geboren. Ihr Vater, Bruno Buchwieser sen., war Baumeister und Architekt und führte im Wohnhaus der Familie ein Baubüro. Seine Baufirma war vor allem darauf spezialisiert, Kirchen, Kapellen und Klöster zu erneuern, auszu- bauen oder neu zu planen. Während ihrer Schulzeit arbeitete Koller-Buchwieser als Maurerlehrling in den Ferienmonaten auf den Baustellen ihres Vaters.[1] Spä- ter studierte sie Architektur an der Technischen Hochschule Wien bei Karl Holey und legte dort 1937 die zweite Staatsprüfung ab.[2] Anschließend arbeitete sie in der Meisterschule bei Holey an einer Dissertation zum Thema „Die Entwicklung der Universitäten im Mittelalter". In Vorbereitung auf ebendiese Arbeit reiste sie von Oktober 1937 bis März 1938 durch Großbritannien. Wenige Tage nach ihrer Rückkehr musste sie die Arbeit daran aufgrund des politischen Umbruchs vom 13. März 1938 abbrechen. Durch den Rückgang privater Bautätigkeit nach dem „Anschluss", besonders im Kontext der katholischen Kirche, und die damit einhergehenden wirtschaftlichen Folgen für die Familie Buchwieser war das Studium für Koller-Buchwieser nicht mehr leistbar.[3]

Sie fand eine Stelle im Kunsthistorischen Museum Wien, musste diese allerdings schon ein Jahr später wieder aufgeben. Laut eigenen Angaben wur- de sie entlassen, weil sie ihren Kollegen Lothar Kitschelt geheiratet hatte. Die damaligen Sparmaßnahmen im Verwaltungsbereich sahen vor, dass im Fall einer Eheschließung zweier Beamter die Frau ihre Stelle freigeben musste.[4] Frauen wurden so vom Staat strukturell daran gehindert, ihren Beruf nach der Eheschließung weiter auszuüben, und in die Abhängigkeit ihres Ehemanns gedrängt. In der Personalakte Koller-Buchwiesers gab Friedrich Dworschak, Direktor des Kunsthistorischen Museums, allerdings an, sie sei ohnehin nur auf Werkvertragsbasis angestellt gewesen.[5] Demzufolge wäre sie keine Beamtin gewesen, die Entlassungsregelung nach Eheschließung hätte für sie nicht ge- golten. Was der wirkliche Grund für die Entlassung auch gewesen sein mag, an Koller-Buchwiesers Stelle wurde gespart. Sie hatte das Glück, dass sie daraufhin wieder in der Firma ihres Vaters arbeiten konnte, und war nach Ablegung der Baumeisterprüfung bis 1946 seine Stellvertreterin als Betriebsführer.[6]

Durch die Spezialisierung der Baufirma auf Sakralbauten arbeitete auch Koller-Buchwieser mit vielen katholischen Auftraggebern zusammen. Als sie sich später als Architektin selbstständig machte, war sie schon als Expertin in dem Bereich bekannt, außerdem arbeitete sie weiterhin regelmäßig mit der Baufirma Buchwieser zusammen. So zum Beispiel auch bei den ersten Wiederaufbauarbeiten am Stephansdom, für die sie von der Erzdiözese direkt nach dem Brand, in Vertretung des abwesenden Dombaumeisters, beauftragt wurde.[7]

Am 6. September 1945 legte Helene Koller-Buchwieser die Ziviltechniker- prüfung ab.[8] Sie war damit die erste Zivilingenieurin für Hochbau in Österreich. Am 1. Juni 1948 machte sie sich als Architektin selbstständig[9] und gründete ihr eigenes Architekturbüro. Zu der Zeit entschieden sich viele Architektinnen, eher in Gemeinschaft mit anderen Architekt*innen oder dem eigenen Ehemann zusammenzuarbeiten.[10] Koller-Buchwieser steht hier als Ausnahme. Sie ent- schied sich, aus dem väterlichen Betrieb auszuscheiden und das Risiko eines eigenen Büros in Kauf zu nehmen. Sie arbeitete von da an selbstständig und nur selten in Zusammenschlüssen mit anderen Architekt*innen. Darin besteht unter anderem ihre herausragende Leistung als Pionierin der Architektur. „Eine musste ja den Anfang machen"[11], sagte Koller-Buchwieser 1995 rückblickend in einem Interview.

ARCHITEKT DIPLOM-INGENIEUR HELENE KOLLER-BUCHWIESER
BEHÖRDLICH AUTORISIERTER UND BEEIDETER ZIVILTECHNIKER

Wien 31.7.1959

An die

Zentralvereinigung d.Architekten
W i e n I.,
Salvatorgasse 1o/6/4

Eingelangt am 368
Erledigt am 3 /VII

Sehr geehrter Herr Präsident!

Vielen Dank für Ihr liebenswürdiges Schreiben
vom 3.7.1959, mit welchem Sie mich als ordentliches Mitglied der Zentralvereinigung der Architekten Österreichs
begrüssen. Ich freue mich, nun auch der Zentralvereinigung
der Architekten anzugehören.

Beigeschlossen reiche ich das ausgefüllte
Aufnahmeformular zurück.

Mit den besten Grüssen

Ihre aufrichtig ergebene

Helene Koller-Buchwieser.

WIEN I, BELLARIASTRASSE 10   •   TELEFON 44 53 83
BANKVERBINDUNG: CREDITANSTALT-BANKVEREIN, WIEN I, SCHOTTENG. 6, KTO. 2219 • POSTSPARK.-KTO. 24.823

Schreiben von Helene Koller-Buchwieser an die Zentralvereinigung der
Architekten Österreichs vom 31.7.1959, Archiv ZV, Mitgliedsakt
Helene Koller-Buchwieser

Ansicht, Wettbewerb Kirche Südstadt (2. Preis), Maria Enzersdorf, 1965, International Archive of Women in Architecture (IAWA), Virginia Tech, Blacksburg, Virginia, MS95-020

Wohnhaus Aßmayergasse 5–7, Wien 12, Gartenseite, 1961, International Archive of Women in Architecture (IAWA), Virginia Tech, Blacksburg, Virginia, MS95-020

Sehr geehrter Herr Präsident!

Vielen Dank für Ihr liebenswürdiges Schreiben
, mit welchem Sie mich als ordentliches Mit-
zentralvereinigung der Architekten Österreichs
ch freue mich,nun auch der Zentralvereinigung
ten anzugehören.

Beigeschlossen reiche ich das ausgefüllte
ular zurück.

Mit den besten Grüssen

1939 trat sie in die Reichskammer der bildenden Künste ein.[12] Diese Mitgliedschaft war notwendig, um unter dem nationalsozialistischen Regime eine Arbeitserlaubnis zu erhalten. Ihr Mann Lothar Kitschelt war schon ab 1933 Mitglied der NSDAP und war auch während der Zeit des Verbots der Partei politisch aktiv.[13] Kitschelt wurde 1940, wenige Wochen nach der Heirat, eingezogen und fiel 1944 in Nordfrankreich.[14] Koller-Buchwieser selbst war kein Mitglied der NSDAP und äußerte sich zeit ihres Lebens nicht öffentlich zu diesem Thema. Vom Staatsamt für öffentliche Bauten, Übergangswirtschaft und Wiederaufbau wurde sie im Oktober 1945 für „unbescholten und politisch unbelastet"[15] befunden.

Ab 1945 bemühte sich Koller-Buchwieser, in die Zentralvereinigung der Architekten Österreichs (ZV) aufgenommen zu werden. Ihr erster Antrag wurde im Dezember 1945 mit der Begründung, sie sei Zivilingenieurin für Hochbau und könne deshalb nur Mitglied der Ingenieurkammer sein, abgelehnt.[16] Am 6. September 1945 hatte sie die Ziviltechnikerprüfung abgelegt[17] und war aus diesem Grund tatsächlich Mitglied der Ingenieurkammer.[18] Nach der Ablehnung ihres Ansuchens auf Aufnahme in die ZV beantragte Koller-Buchwieser eine Änderung ihrer Ingenieurbefugnis in eine Architektenbefugnis, da sie nicht ausführend, sondern nur konsultierend arbeite und ihr der Abschluss der Meisterklasse bei Karl Holey durch die „Besetzung" Österreichs unmöglich gewesen sei.[19] Sie hatte nur eineinhalb der zwei vorgesehenen Semester absolviert und auch die wissenschaftliche Arbeit nicht vollendet. Diese wurde ihr auf ihr Ansuchen hin 1948 erlassen, und ihr wurde die Befugnis einer Architektin erteilt.[20] Im Jahr 1959 trat sie schlussendlich in die ZV ein.[21]

Schon zu Beginn ihrer Karriere spezialisierte sich Koller-Buchwieser auf Sakralbauten. Zu ihren ersten Projekten als Bauleiterin in der Firma Buchwieser gehörten Restaurierungen und Arbeiten zum Wiederaufbau von Kirchen und Kapellen in Wien und Niederösterreich. Mit ihrem eigenen Architekturbüro konnte sie ab 1948 einige Kirchenneubauten realisieren; in diesem Bereich galt sie als Spezialistin. In Bezug auf den Wohnbau der frühen Nachkriegszeit war Koller-Buchwieser, wie viele Architekt*innen ihrer Zeit, besonders mit dem Wiederaufbau in Wien beschäftigt. Einen weiteren Schwerpunkt in ihrem Werk bildete Architektur mit sozialem Zweck, wie Wohnheime für Student*innen oder Senior*innen.

Von 1954 bis 1956 realisierte Koller-Buchwieser den Neubau der Pfarrkirche Neumargareten in der Flurschützstraße in Wien-Meidling nach einem Entwurf von 1949. Sie arbeitete hierbei mit dem Architekten Hans Steineder von der Wiener Stadtverwaltung zusammen, der für die städtebaulichen Aspekte zuständig war.[22] Die Kirche wurde als schlichter Hallenbau mit steilem Walmdach ausgeführt. Der Altarbereich aus rotem Marmor richtet sich mit drei Seiten zum Gemeinderaum. Es handelt sich hierbei um eine sehr frühe Umsetzung eines Volksaltars, der den Kirchenbesucher*innen zugewandt ist. Johannes Perchter, der damalige Pfarrer der Kirche, schrieb dazu: „Den Altar sehen sie [die Gläubigen] nahe vor sich, wo immer sie stehen mögen, frei, nicht eingezwängt in die Enge einer tiefen Altarnische. Sie können sogar neben ihm stehen, ihn umstehen, wie es im Kanon der Messe heißt, wo der Priester ‚für alle Umstehenden' betet."[23] Koller-Buchwieser setzte diesen liturgischen Aspekt in mehreren ihrer Kirchenneubauten um, auch schon einige Jahre vor dem Zweiten Vatikanischen Konzil, das von 1962 bis 1965 stattfand und unter anderem liturgischen Veränderungen den Volksaltar als festen Bestandteil von Kirchenräumen etablierte.

Ihr außergewöhnlich innovativer Entwurf einer Kirche für Maria Enzersdorf von 1965 erreichte in einem Wettbewerb den zweiten Platz und wurde daher leider nicht umgesetzt. Den quadratischen Zentralbau mit eingestelltem Oktogon hätte eine besondere Lichtstimmung durch großflächige Durchfensterung und

Helene Koller-Buchwieser

Modell, Atelierhaus Helene Koller-Buchwieser, Hinterbrühl, 1959, Walter Urbanek, „Vermischtes", in: *Der Hinterbrühler*, Nr. 1, 2008, S. 41

Betonglasfenster ausgezeichnet. Von einem außerhalb des Oktogons liegenden Eingangs- und Versammlungsbereich wäre man über eine „Prozessionsrampe" in den eigentlichen Gemeinderaum gelangt. Der Altar sollte in der Mitte des Kirchenraums stehen und an drei Seiten von Kirchenbankreihen umgeben sein. An der vierten Seite war ein Bereich für Orgel und Chor reserviert. Diese Strukturierung zeigt Koller-Buchwiesers liturgisches Verständnis der Messe als gemeinschaftliche Feier mit dem Ort der Wandlung als zentralem Thema. Durch die geschwungene und zur Mitte aufsteigende Form des Daches hätte der Bau an ein Zelt erinnert. Unter dem Motto „Der ganze Raum ein Klangkörper" bezog Koller-Buchwieser auch akustische Überlegungen in die Planung mit ein.[24]

In ihrer Heimatgemeinde Hinterbrühl errichtete Koller-Buchwieser 1977 eine neue Aufbahrungshalle für den Friedhof; den dafür ausgeschriebenen Wettbewerb hatte sie 1975 gewonnen. Bei der Planung des neuen Gebäudes orientierte sie sich nach eigenen Angaben an der ursprünglichen, spätbiedermeierlichen Aufbahrungshalle. Das eingesetzte Frackdach verleiht dem Bau eine interessante Asymmetrie, die dem symmetrischen, knickgedeckten Vordach des Eingangsbereichs entgegengestellt wird. Die großen, farbigen Betonglasfenster von Lucia Jirgal lassen den Innenraum in hellen Pastelltönen erstrahlen, die der Begräbniszeremonie eine besonders hoffnungsvolle Stimmung verleihen. Koller-Buchwieser sah in den Fenstern der Aufbahrungshalle die Lösung des Verstorbenen aus der Materie und sein Weiterleben im Licht ausgedrückt.[25]

Der Einsatz von farbigen Glasfenstern und eine überlegte Lichtführung in sakralen Räumen waren wichtige Gestaltungselemente für Koller-Buchwieser. Sie schaffen eine besondere Atmosphäre, die durch andere architektonische Mittel nicht zu erreichen ist. Hervorstechend an ihrer Sakralarchitektur sind außerdem die Großzügigkeit der Raumgefüge und die durchdachte Übereinstimmung der Architektur und Inneneinrichtung mit der Liturgie.

Zu Helene Koller-Buchwiesers Wohnbau zählen Wiederaufbauten, Zeilenbauten und Punkthochhäuser, einige Ein- und Zweifamilienhaussiedlungen sowie Einfamilienhäuser als Privataufträge. In diesen konnte sie Grundsätze zu einer neuen Wohnqualität umsetzen. Dazu zählen durchdachte Lösungen in den Grundrissen bei relativ geringer Wohnungsgröße, komfortablere und moderne Heizsysteme und die Ausstattung mit Balkonen oder Terrassen, die ein vielfältiges Erleben der Natur ermöglichen sollen.

Koller-Buchwieser errichtete 1959 in Hinterbrühl ein Atelier- und Wohnhaus für sich und ihren zweiten Ehemann Josef Koller. Durch eine überlegte Anordnung der Räume und Eingänge trennte sie die privaten von den professionellen Bereichen. Das Haus befindet sich an einem nach Osten abfallenden Hang. Mit großen Fensterflächen orientiert und öffnet sich der zweigeschoßige Bau zur Aussicht auf das Tal. Eine zentrale Halle mit Freitreppe erschließt die beiden Geschoße und verbindet durch große Fenster und Schiebetüren den Innenraum mit Terrasse und Garten. Ein Stipendium der UNRRA (United Nations Relief and Rehabilitation Administration) ermöglichte Koller-Buchwieser 1946 eine siebenmonatige Studienreise in die USA. Die dort gesammelten Erfahrungen zum modernen Wohnbau und zu neuen Bautechniken und -materialien waren wesentlich für den Bau des Atelierhauses.[26] Prägend für den Charakter des Hauses, aber besonders für den großzügig konzipierten Zeichensaal, sind die raumhohen Fensterflächen, die die Zimmer mit Sonnenlicht durchfluten und den Blick auf die umliegende Natur freigeben. Die verwendeten Materialien Bruchstein, Aluminium, Holz und Glas in Verbindung mit der sich zum Abhang öffnenden, asymmetrischen Trichterform kennzeichnen den Bau als hervorragendes Beispiel moderner Architektur des 20. Jahrhunderts, zwischen österreichischer Nachkriegsmoderne und organischer Architektur eines Frank Lloyd Wright.

Jungarbeiterdorf Hochleiten in Gießhübl mit der ersten ökumenischen Kirche Österreichs, 1953,
Archiv der Österreichischen Jungarbeiterbewegung (ÖJAB)

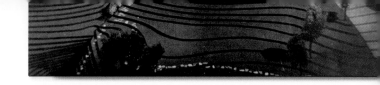

Modell, „Ausbildungszentrum für Jugendliche und Behinderte" und Kirche St. Pierre in Burkina
Faso, um 1970, International Archive of Women in Architecture (IAWA), Virginia Tech,
Blacksburg, Virginia, MS95-020

Durch ihren Bruder Bruno Buchwieser jun., der die Österreichische Jungarbeiterbewegung gegründet hatte, war auch Helene Koller-Buchwieser mit dieser Organisation eng verbunden. Sie führte in der Folge einige Projekte für sie aus, unter anderem das Jungarbeiterdorf Hochleiten.

Das Jungarbeiterdorf Hochleiten war als demokratisch selbstorganisierte Wohn- und Lehrstätte für junge Männer konzipiert. Die Anlage, die nicht mehr in ihrer ursprünglichen Form erhalten ist, prägte der Charakter einer Dorfgemeinschaft. Sieben aneinandergereihte Einzelhäuser, die durch schmale, gepflasterte Wege miteinander verbunden waren, bildeten die Unterkünfte der Jungarbeiter. Die einstöckigen Gebäude bestimmte ein traditioneller Stil, der sich durch den Einsatz von Walmdächern, Dachgauben und hölzernen Fensterläden auszeichnete und den Dorfcharakter der Anlage verstärkte. Das Heim war selbstverwaltet und verfügte über eine eigene Feuerwehr, ein Postamt, ein Kino und eine Kirche.[27] Diese Kirche war 1953 die erste evangelisch-katholische Doppelkirche und damit die erste ökumenische Kirche Österreichs.[28] Dabei bildet die Oberkirche den katholischen und die Unterkirche den evangelischen Teil des Gotteshauses. Die Langhauskirche mit weit hinuntergezogenem Schopfwalmdach und der massive Ostturm haben durch den Einsatz grob geschlagener Bruchsteine im Innenraum und am Außenbau sowie die dreiteiligen Schallfenster im obersten Geschoß des Turmes einen wehrhaften Charakter.[29]

Über die Kontakte ihres Bruders lernte Koller-Buchwieser den Geistlichen und späteren Bischof Denis Tapsoba aus Obervolta (Burkina Faso) kennen. In seinem Auftrag bzw. im Auftrag der Jungarbeiterbewegung plante sie einige Bildungsbauten, Wohnheime und eine Kirche in Ouagadougou.[30]

Koller-Buchwieser setzte ihre Bauten häufig im Stil einer zurückhaltenden Moderne mit traditionellen Formen um. Innovationen sind besonders in den Überlegungen zu den Bedürfnissen der Gemeindemitglieder oder der Bewohner*innen zu finden. Durch viele Gestaltungselemente in ihren Kirchenbauten, wie beispielsweise den Volksaltar, die Position des Altarbereichs im Gemeinderaum und ihr ökumenisches Engagement in Gießhübl, zeigte sie ihr fortschrittliches, weltgewandtes Verständnis der christlichen Kirche.

Helene Koller-Buchwiesers Vorstellung, was Architektur erreichen sollte, war durch soziale Gesichtspunkte bestimmt. „Ich würde meinen, ein Architekt ist einer, der bestrebt ist, nach bestem Wissen und Gewissen und mit großer Einfühlungsbegabung das zu schaffen, was ein anderer braucht. Und zwar nicht gerade nur braucht im materiellen Sinn, […] aber auch, dass es schön ist. Es muss Harmonie sein."[31] Schönheit und Harmonie in der Form und eine an den Bedürfnissen der Menschen orientierte Zweckmäßigkeit waren die Kriterien, die Helene Koller-Buchwiesers Betrachtung ihres eigenen Werks prägten.

1   Ute Georgeacopol-Winischhofer, „Sich-bewähren am
    Objektiven". Bildung und Ausbildung der Archi-
    tektin an der Technischen Hochschule in Wien von
    1919/20 bis 1944/45, in: Juliane Mikoletzky,
    Ute Georgeacopol-Winischhofer, Margit Pohl
    (Hrsg.), „Dem Zuge der Zeit entsprechend …". Zur
    Geschichte des Frauenstudiums in Österreich am
    Beispiel der Technischen Universität Wien, Wien
    1997, S. 230.
2   Privat (Familie Hinner), Nachlass Helene
    Koller-Buchwieser, Staatsprüfungszeugnis,
    29.4.1937.
3   Georgeacopol-Winischhofer, „Sich-bewähren",
    1997, S. 230.
4   Ibid., S. 194, 213; privat (Familie Hinner),
    Nachlass Helene Koller-Buchwieser, Biographie
    mit handschriftlichen Änderungen
    Koller-Buchwiesers, 1.9.1996.
5   Archiv Kunsthistorisches Museum Wien,
    Personalakte Helene Buchwieser, III 196.
6   Irene Meier-Moser, Frau Architektin Dipl. Ing.
    Prof. Helene Koller-Buchwieser, August/
    September 1995, in: International Archive of
    Women in Architecture (IAWA), Virginia Tech,
    Blacksburg, Virginia.
7   Helene Koller-Buchwieser, interviewt von Sandra
    Kreisler, Ö1 Menschenbilder. Der Wiederaufbau –
    Helene Koller-Buchwieser, 1995.
8   IAWA, Helene Koller-Buchwieser Architectural
    Papers, Ms1995-020, Zivilingenieur Zeugnis,
    6.9.1945.
9   Ibid., Lebenslauf, Juli 1984.
10 Sabine Plakolm-Forsthuber, Beruf: „Frau Archi-
    tekt". Zur Ausbildung der ersten Architektinnen
    in Wien, in: Marcel Bois, Bernadette Reinhold
    (Hrsg.), Margarete Schütte-Lihotzky. Architek-
    tur. Politik. Geschlecht. Neue Perspektiven auf
    Leben und Werk, Basel 2019, S. 51.
11 Koller-Buchwieser, Ö1 Menschenbilder, 1995.
12 Archiv der Zentralvereinigung der ArchitektInnen
    Österreichs (ZV), Mitgliedsakt Helene Koller-
    Buchwieser, Eingliederung in die Reichskammer
    der bildenden Künste, Dezember 1939.
13 Archiv Kunsthistorisches Museum Wien, Personal-
    akte Lothar Kitschelt, III 824, Lothar
    Kitschelt / Helene Kitschelt-Buchwieser,
    Lebenslauf Lothar Kitschelt, 20.11.1941.
14 Ute Georgeacopol-Winischhofer, „Sich-bewähren",
    1997, S. 230 f.
15 IAWA, Helene Koller-Buchwieser Architectural
    Papers, Ms1995-020, Mitgliedschaftsbestätigung
    Ingenieurkammer, 18.10.1945.
16 Archiv ZV, Mitgliedsakt Helene Koller-Buchwie-
    ser, Antwort auf Aufnahmeansuchen, 24.12.1945.
17 IAWA, Helene Koller-Buchwieser Architectural
    Papers, Ms1995-020, Zivilingenieur Zeugnis,
    6.9.1945.
18 Ibid., Aufnahme in die Ingenieurkammer,
    8.10.1945.
19 AT-OeStA/AdR HBbBuT BMfHuW Titel ZivTech H–L
    4928 Koller-Buchwieser, Helene, Dipl. Ing., An-
    suchen zur Änderung der Befugnis eines Ing.
    f. Hochbau auf die eines Architekten, 14.8.1947.
20 Ibid., Koller-Buchwieser, Helene, Dipl. Ing.,
    Änderung der Ausübung der Befugnis eines Ziv.
    Ing. f. Hochbau auf die eines Architekten,
    13.4.1948.
21 Archiv ZV, Mitgliedsakt Helene Koller-
    Buchwieser, Anmeldeformular, 28.7.1959,
    sowie Dankschreiben zur Aufnahme, 31.7.1959.
22 IAWA, Helene Koller-Buchwieser Architectural
    Papers, Ms1995-020, Meier-Moser, Frau
    Architektin, August/September 1995.

23 Johannes Perchter, Broschüre Immaculata-Pfarr-
    kirche Neumargareten, o. S., Privatbesitz
    Familie Leban.
24 IAWA, Helene Koller-Buchwieser Architectural
    Papers, Ms1995-020, Technischer Bericht zur
    Kirche in der Südstadt.
25 Ibid., Presseinformation, 27.10.1977.
26 Ibid., Lebenslauf, Juli 1984.
27 Karl Heinz Ritschel, Bruno Buchwieser. Auftrag
    und Ziel, Salzburg 1977.
28 Georgeacopol-Winischhofer, „Sich-bewähren",
    1997, S. 231 f.
29 O. A., Österreichs erste Doppelkirche in
    Hochleiten, Wiener Zeitung, 7.11.1954, S. 5.
30 Ute Georgeacopol-Winischhofer, Koller-Buch-
    wieser, Helene, geb. Buchwieser, in: Brigitta
    Keintzel, Ilse Korotin (Hrsg.), Wissenschaf-
    terinnen in und aus Österreich. Leben – Werk –
    Wirken, Wien u. a. 2002, S. 398.
31 Koller-Buchwieser, Ö1 Menschenbilder, 1995.

Porträtfoto Edith Lassmann,
1950er-Jahre, Privatbesitz

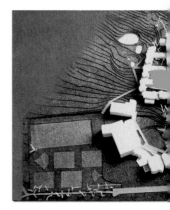

Edith Lassmann
1920–2007

Text von Sabine Plakolm-Forsthuber

Entwurf für die Ausbildung der Limbergsperrenkrone, 1950, in: Johann Götz (Hrsg.),
*Die Hauptstufe des Tauernkraftwerks Glockner-Kaprun der Tauernkraftwerke A.G.
Zell am See, 1951*

Edith Lassmann wurde am 12. Februar 1920 in Ebenfurth in Niederösterreich als Tochter von Bertha und Julius Jurecka, einem Bauingenieur und Wasserbautechniker, geboren.[1] Ediths technische und zeichnerische Begabung, die vom Vater gefördert wurde, machte sich schon früh bemerkbar. Das Interesse an der Technik bestimmte auch die Berufswahl des älteren Bruders Walter Jurecka (1915–1994), der an der Technischen Hochschule Wien (TH Wien) Bauingenieurwesen studierte.[2]

Nach dem Besuch einer Wiener Volksschule und der Absolvierung der Beethoven-Realschule im 19. Wiener Gemeindebezirk, wo sie im Juni 1938 mit ausgezeichnetem Erfolg maturierte, begann Edith Jurecka das Architekturstudium an der TH Wien. Ihr Studienbeginn fiel unmittelbar in die Zeit nach dem „Anschluss" Österreichs an das nationalsozialistische Deutschland, was ihre berufliche Laufbahn maßgeblich beeinflussen sollte. Da mit Kriegsbeginn viele Studenten eingezogen wurden, herrschte alsbald ein Mangel an akademischem Nachwuchs. Als Gegenmaßnahme führte die TH Wien zum einen 1939 kurzzeitig die Einteilung des Studienjahres in Trimester ein; zum anderen kompensierte man die fehlenden Fachkräfte mit qualifizierten Frauen und eröffnete so mancher die Möglichkeit einer akademischen Laufbahn. Die Neustrukturierung des Studiums und Edith Jureckas Fleiß und Ehrgeiz verhalfen ihr zu einem sehr raschen Studienabschluss. Die erste Staatsprüfung legte sie bereits im September 1940 ab, zugleich übernahm sie eine Stelle als wissenschaftliche Hilfskraft. Die zweite Staatsprüfung absolvierte sie kaum ein Jahr später, am 22. Juli 1941.

Von 1941 bis 1944 übernahm Edith Jurecka an der von Alfred Keller (1875–1945) geleiteten Lehrkanzel für Gebäudelehre eine Stelle als sogenannte Kriegsersatzkraft, in der Folge als Hochschulassistentin.[3] Die künstlerische Offenheit wie auch die menschliche Ausrichtung ihres Lehrers beeinflussten die junge Frau maßgeblich. Als Keller plötzlich schwer erkrankte, übernahm sie für ihn als Supplentin die Vorlesungen. Er bereitete die Vorlesungen vor, es war jedoch Jurecka, die an seiner Stelle vortrug.[4] In dieser Zeit begann sie unter der Leitung von Karl Holey an ihrer Dissertation mit dem Titel „Institut für Landschaftsgestaltung und Volkstumspflege. Umbauvorschlag für das Pötzleinsdorfer Schloß in Wien" zu arbeiten und promovierte am 6. Dezember 1944 mit Auszeichnung.[5] In ihrer Dissertation befasste sie sich mit der bauhistorischen Untersuchung des seit 1920 leer stehenden und ab 1937 im Besitz der Stadt Wien befindlichen Schlosses im Pötzleinsdorfer Schlosspark; ihre Arbeit bildete die Basis für einen denkmalgerechten Entwurf eines Forschungsinstituts. Saniert wurde das Schloss erst 1950 unter Roland Rainer, der es zu einem Jugendgästehaus umbaute. Seit 1983 wird das Schloss als Standort einer Rudolf-Steiner-Schule genutzt.

In den Jahren zwischen 1942 und 1944 arbeitete Edith Jurecka selbstständig an kleineren Projekten sowie zusätzlich in den Ateliers von Michel Engelhart und Alfred Keller, der seit 1908 Mitglied der Zentralvereinigung der Architekten (ZV) war. Im Atelier Keller befasste sie sich mit diversen Fabriksbauten, wie für die Erste Brünner Maschinenfabrik (1935/36 mit der Brünn-Königsfelder Maschinenfabrik zusammengelegt), für die sie eine Montagehalle, eine Lehrlingswerkstätte, Sozialbauten, Gefolgschaftsräume und ein Bürogebäude plante. Daneben unterstützte sie Keller bei einer städtebaulichen Lösung des Karlsplatzes.[6] Bei Kellers Projekt „Forum Karlsplatz" aus dem Jahr 1944 handelt es sich allerdings um eine Art „Gauforum" in der Achse des Naschmarkts mit einer zentralen Triumphsäule.[7] Abgesehen davon waren Kellers Arbeiten vielfältig, sowohl was die architektonische als auch was die typologische Ausrichtung betrifft. Sie reichten vom Secessionismus bis zur gemäßigten Heimatschutzarchitektur und umfassten Gemeindebauten, öffentliche Bauten wie die Wiener k. k. Exportakademie (Hochschule für Welthandel), aber auch

Edith Lassmann auf der Baustelle im Krafthaus des Tauernkraftwerks in Kaprun,
vor 1955, Repro, Stadtarchiv Salzburg

Hotelanlagen, Villen und Kraftwerksbauten. Durch diese breit gefächerten Aufträge bekam Jurecka Einblick in verschiedenste Bauaufgaben, die ihr künftiges Œuvre bestimmen sollten.

1939 trat Jurecka in die NSDAP ein, am 16. Dezember 1941 stellte sie den Antrag auf Mitgliedschaft in der Reichskammer der bildenden Künste. Ihre zur Aufnahme vorgelegten Studienarbeiten wurden vom Sachberater Robert Oerley nur mit „–C" beurteilt. Er begründete die schlechte künstlerische Bewertung damit, dass es sich um studentische Arbeiten handle und, wie er notierte, „von selbst. Arbeiten noch nicht geredet werden kann". Dessen ungeachtet erfolgte mit 1. Januar 1942 die Aufnahme in die Reichskammer der bildenden Künste.[8]

Im Januar 1945 heiratete Jurecka den Arzt Gustav Lassmann.[9] Gegen Ende des Krieges flüchtete sie gemeinsam mit ihrer Mutter aus Wien und verbrachte die letzten Kriegsmonate in Franzensbad im Haus der Familie Lassmann. Nach Kriegsende stellte sie einen Antrag zur Aufnahme in die Berufsvereinigung der bildenden Künstler Österreichs (BV), die 1945 neu gegründete Standesvertretung der Künstlerschaft. Auf dem Fragebogen wurden erneut Parteimitgliedschaften erhoben. Lassmann trug das Datum ihres Eintritts in die NSDAP korrekt mit 1939 ein und führte auch ihre Mitgliedschaft im Bund deutscher Mädel (BDM) von 1935 bis 1938 an. Die Angabe ihrer BDM-Mitgliedschaft hatte zur Folge, dass Lassmann entsprechend § 17 des Verbotsgesetzes vom 8. Mai 1945 nun als „Illegale" eingestuft wurde. Ihr Antrag auf Mitgliedschaft in die BV musste abgewiesen werden.[10] Fünf Tage nach der Ablehnung gab die Architektin eine eidesstattliche Erklärung ab, in der sie die näheren Umstände erläuterte und meinte, sie habe aus der Parteimitgliedschaft keine „wie immer geartete[n] Vorteile gezogen". Zudem vermerkte sie: „Diese, ganz auf Frauenfragen und hauswirtschaftliche Probleme abgestellte und ziemlich unpolitische Organisation erschien mir damals ein nicht unerwünschter Gegensatz zu meinem etwas männlichen Studium",[11] was indirekt ein Schlaglicht auf ihre Position an der TH Wien wirft, in der es noch sehr rollenkonform und traditionell zugegangen sein dürfte. 1947 wurde die nunmehr als „minderbelastet" eingestufte Lassmann in die ZV, die von 1945 bis 1959 noch eine Architektursektion innerhalb der BV war, aufgenommen. In dem Aufnahmeschreiben wurde sie darauf hingewiesen, dass die ZV die Eingliederung in die Ingenieurkammer anstrebe und dass daher von den Mitgliedern der Erwerb der Ziviltechnikerbefugnis erwartet werde.[12] Die Ziviltechnikerprüfung legte sie 1952 ab.

In der Nachkriegszeit wurde die Architektin Mitarbeiterin von Hans Petermair, einem Absolventen der TH Wien. Petermairs Büro übernahm die denkmalpflegerische Wiederherstellung des Oberen Belvederes, Lassmann war für die Planung und Bauleitung verantwortlich;[13] auch an der Wiederherstellung des Erzbischöflichen Churhauses am Stephansplatz 1945 bis 1948 war sie maßgeblich beteiligt.

1947 kam ihre Tochter Barbara (verehelichte Kraus) zur Welt,[14] die ebenfalls an der TH Wien Architektur studierte und sie 1969 beim Wettbewerb zur „Stadt des Kindes" als Mitarbeiterin unterstützte. 1949 wurde ihr Sohn Hans, ein späterer Mediziner, geboren.

Nach Kriegsende arbeitete Lassmann ehrenamtlich für den Bund Österreichischer Frauenvereine als Beraterin für die Adaptierung zerstörter Wohnungen in Wien.[15] In diesem Zusammenhang dürfte sie das Konzept eines „Wohnhauses für alleinstehende, berufstätige Frauen" entwickelt haben. Auftraggeber war die noch heute bestehende, 1949 gegründete Gemeinnützige Baugenossenschaft berufstätiger Frauen in der Hadikgasse 112 in Wien-Penzing, für die Lassmann 1954 ein viergeschoßiges Eckhaus plante. Dieses Wohnhaus besaß 80 Wohneinheiten zu je 30 Quadratmetern. Die über einen zentralen Gang erschlossenen Kleinwohnungen bestanden aus einem Vorraum, einer kleinen Küche, einem Bad sowie einem Wohnschlafraum samt Balkonzugang.[16]

Nach dem Krieg herrschte ein sogenannter Frauenüberschuss. Viele Frauen, waren sie nun verwitwet oder ohne Partner, mussten oder wollten für sich selbst sorgen. Aufgrund der allgemeinen Wohnungsnot standen die Wohnbedürfnisse alleinstehender Frauen nicht im Vordergrund. Aus dieser speziellen Situation heraus wurden in Deutschland, den Niederlanden und Österreich Wohnbaugesellschaften gegründet, die sich der Errichtung von Wohnhäusern für berufstätige alleinstehende Frauen verschrieben.[17] Vergleichbare Modelle hatte es in Wien vereinzelt schon zu Beginn des 20. Jahrhunderts gegeben. 1909 gründete Auguste Fickert mit dem „Heimhof" die erste gemeinnützige Bau- und Wohnungsgenossenschaft für Frauen. Nach dem als „Einküchenhaus" 1911 errichteten „Heimhof" in Wien-Döbling entstand in der Zwischenkriegszeit 1922 bis 1926 ein weiterer „Heimhof" in Wien-Rudolfsheim-Fünfhaus. Die mit zentralen Versorgungseinrichtungen ausgestatteten Kleinwohnungen wurden mehrheitlich von berufstätigen proletarischen Paaren bewohnt. Berufstätige bürgerliche Frauen lebten und arbeiteten vorzugsweise in Kleinapartments oder Einliegerwohnungen, die nicht selten auf die Planungen der ersten Architektinnen zurückgingen. Lassmann setzte sich auch in weiteren Wohnprojekten mit den speziellen Wohnbedürfnissen von Frauen auseinander. Genannt sei etwa ein Haus für berufstätige Mütter mit Kinderkrippe und Kindergarten in der Bauernfeldgasse 42/45 (1960–1970) in Wien-Döbling.[18]

Edith Lassmann realisierte zahlreiche Wohnprojekte und Umbauten und interessierte sich darüber hinaus zeitlebens für die Planung herausfordernder, hochtechnischer Ingenieurbauten, die in ihrem Werk einen großen Platz einnehmen. Exemplarisch sei ihre Mitwirkung am Kraftwerksbau in Kaprun genauer beschrieben. Das Wasserkraftwerk in Kaprun, das während der NS-Herrschaft mit dem Einsatz von Kriegsgefangenen und Zwangsarbeitern ab 1938 vorangetrieben, aber schon ab 1943 verzögert und nach Kriegsende eingestellt worden war, galt im Wiederaufbau als eines der zentralen, identitätsstiftenden Großbauprojekte der Zweiten Republik. Mit den finanziellen Mitteln des Marshallplans wurde 1952 die Hauptstufe und 1955 die Oberstufe der Kraftwerksgruppe Glockner-Kaprun in Betrieb genommen.[19]

Lassmanns Erfahrungen im Industriebau trugen vermutlich dazu bei, dass sie 1950 zur Teilnahme an dem geladenen „Ideenwettbewerb für die Ausbildung der Limbergsperrenkrone" in Kaprun aufgefordert wurde. Die Aufgabe bestand darin, nach oben zu, also auf der Staumauer, einen ästhetischen Abschluss zu entwerfen, am Fuß der Limbergsperre seitliche Anschlüsse an die Berghänge und Durchzugsstraßen zu planen und kleinere Bauwerke in die Landschaft einzufügen. Unter der Jury von Erich Boltenstern, Michel Engelhart, Otto Niedermoser und Otto Prossinger sowie Vertretern der Tauernkraftwerke AG wurden drei Preise und Ankäufe an jene Personen vergeben, die nicht nur künstlerisch überzeugende Beiträge vorlegten, sondern auch „die technischen Probleme meisterhaft lösten".[20] Besonders herausfordernd war die Anlage der Nassschachtaufbauten an der Wasserseite und die Unterbringung eines unförmigen Sperrenkrans, der für etwaige Reparaturen die Mauerkrone zu befahren hatte und dort auch geschützt unterzustellen war, ohne den eleganten Schwung der Mauerkrone maßgeblich zu beeinträchtigen. Obwohl Lassmann nur den dritten Preis errang, wurde sie mit der Umsetzung beauftragt.[21] Möglicherweise erhielt sie den Zuschlag, weil sie auch einen Vorschlag für die Gestaltung des Krafthauses vorgelegt hatte, das sie mit „außerordentlichem Geschick und Takt" als „monumentale[n], sich organisch der Landschaft und dem großflächigen Charakter der Staumauer einfügende[n] Bau" entworfen hatte.[22] Schließlich empfahl die Jury, ihren Entwurf weiterzuentwickeln: In der Folge wurde sie mit der Gesamtplanung „der Anlage von Zufahrtsstraßen, Seilbahnstationen, der Sperrenkrone Mooserboden mit dem Möllpumpwerk und der Einbindung der technischen Baumaßnahmen in die Umwelt herangezogen und letztendlich mit

Krafthaus Limbergsperre, Kaprun, 1950–1955, in: Johann Götz (Hrsg.),
*Das Tauernkraftwerk Glockner-Kaprun der Tauernkraftwerke
Aktiengesellschaft*, Zell am See 1967

Modell, Wettbewerbsentwurf Stadt des Kindes (2. Preis), Wien 14, 1969, in: *Der Aufbau*, Heft 1/2, 1970

„Schule für körperbehinderte Kinder", Wien 23, 1964, in: Elise Sundt, Monika Klenovec et al. (Hrsg.), *Ziviltechnikerinnen*, Wien 1982

der Detailplanung und Bauleitung des Krafthauses beauftragt".[23] Weitere Aufträge für Kraftwerksbauten folgten. In einem Interview beschrieb Lassmann die herausfordernde Zeit auf der Baustelle in Kaprun auf 1.500 Meter Seehöhe, die sie fünf Jahre lang betreute und die alle zwei Wochen eine Reise nach Kaprun erforderte. Durch ihr professionelles und unprätentiöses Auftreten erwarb sie sich rasch den Respekt der Arbeiter.[24] Besonders wichtig war Lassmann die ästhetische Gestaltung des Krafthauses, eines funktionalen kubischen, mit hohen schmalen Fensterbändern versehenen Stahlbetonbaus für Generatoren, Turbinen und Pumpen, unter dem das angesaugte Wasser durchgeleitet wurde, um sodann in ein Tosbecken abgelassen zu werden. Stilistisch orientierte sie sich an dem 1924 fertiggestellten Kraftwerksgebäude von Mauriz Balzarek für das Speicherkraftwerk Partenstein im Mühlviertel.

1969 beteiligte sich Lassmann an dem von der Wiener Stadträtin Maria Jacobi ausgeschriebenen, beschränkten Wettbewerb zur „Stadt des Kindes"[25], einem fortschrittlichen reformpädagogischen Wohnprojekt für benachteiligte Kinder und Jugendliche in Wien-Penzing. Der Wettbewerbsgewinner Anton Schweighofer errichtete bis 1974 eine kompakte, linear angeordnete Wohnanlage als offen zu nutzendes Stadtteilzentrum mit diversen öffentlichen Anlagen. Unter den zwölf Wettbewerbsteilnehmer*innen waren Lassmann und Traude Windbrechtinger, die zusammen mit ihrem Mann und Büropartner Wolfgang Windbrechtinger einen Beitrag einreichte, die einzigen Frauen. In Anlehnung an die Idee der SOS-Kinderdörfer sollten maximal zehn bis zwölf Kinder in familienähnlichen Strukturen in zwanzig Wohneinheiten leben. Im Gegensatz zu Schweighofers streng linearer, von Wohnbauten flankierter Straße schlug Lassmann vier Zeilen mit zweigeschoßigen, modular versetzten Baukörpern vor, die der Hanglage des Terrains angepasst waren und Hofsituationen, Plätze und Durchgänge ausbildeten. Auch wenn die Jury einzelne Aspekte des Projekts der zweitgereihten Lassmann durchaus würdigte – wie beispielsweise die soziologisch durchdachte, altersgemäße Unterbringung der kleineren Kinder im Inneren der Anlage und die der Jugendlichen in den Turmhochbauten an den Rändern –, stieß sie sich an der aufgelockerten Anlage. Kritisch betrachtete sie die deutlich höher verbaute Kubatur, die im Eingangsbereich der Anlage ein großzügig angelegtes rundes, arenaartiges Freizeitzentrum mit einer schalenartigen, flexiblen Bestuhlung sowie ein großzügiges Schwimmbad vorsah. 2008 erfolgte der Teilabriss der fortschrittlichen „Stadt des Kindes".

Lassmanns soziales Engagement zeigte sich in vielen weiteren Projekten, wie in einer „Schule für körperbehinderte Kinder" im Jahr 1964 (das 1988 aufgelassene Dr.-Adolf-Lorenz-Heim für kognitiv und körperlich beeinträchtigte Kinder in Wien-Mauer) und in zahlreichen Wohnbauten für ältere Menschen, den sogenannten Pensionistenheimen. Die Initiative zu Letzteren ging erneut von der Stadträtin Maria Jacobi aus, die das Kuratorium Wiener Pensionistenheime gegründet hatte. Der kriegsbedingt hohe Anteil alleinstehender älterer Personen sowie der demografische Wandel veranlassten die Wiener Sozialpolitik zum Handeln.[26] Das erste Pensionistenheim, den im Stadterweiterungsgebiet Stadlau erbauten „Sonnenhof", plante Edith Lassmann 1961 bis 1963. Der lang gestreckte, von Grünflächen umgebene, viergeschoße Baukörper verfügt über zwei aus dem Baukörper vorspringende, verglaste Stiegenhäuser sowie eine Betonung der Vertikalachse durch übereinandergestapelte, überdachte Balkone. Das hier erstmals vorgestellte Modell, das über 145 Einzimmer- und zwölf Zweizimmerwohnungen, eine geschickte Funktionsplanung, gehobene Ausstattung sowie über zahlreiche Gemeinschaftsräume verfügte, war ein Modellprojekt, das in den folgenden Jahrzehnten zur Errichtung zahlreicher weiterer Pensionistenheime, darunter auch solche nach Entwürfen Lassmanns, führte. Heute fungiert der generalsanierte „Sonnenhof" als Apartmenthaus.

Pensionistenheim „Sonnenhof", Wien 22, 1961–1963, in: *Die Stadt Wien gibt Auskunft*, Heft 43, 1964

Unter den Pensionistenheimen seien noch ein 1968 bis 1970 erfolgter Zubau zum 1963 bis 1965 erbauten Pensionistenheim Föhrenhof in Hietzing (2015 generalsaniert) und das Pensionistenheim Atzgersdorf (1974–1977) erwähnt. Für das Pensionistenheim Atzgersdorf entstanden ein achtgeschoßiger, Y-förmiger Baukörper für die Wohneinheiten mit eingeschnittenen Balkonen und ein quer dazu positionierter, dreigeschoßiger Trakt mit der Verwaltung und einer Pflegestation. Lassmann legte auch detaillierte Planungen für den Außenraum vor.[27]

Hervorgehoben sei weiters das sogenannte Ärzteheim in Favoriten in der Dr.-Eberle-Gasse 3, das 1970 bis 1975 von der Organisation der Ärztinnen Österreichs unter der Präsidentin Dr. Lore Antoine[28], einer Vorreiterin der Gendermedizin, in Auftrag gegeben wurde und ursprünglich als exklusives Seniorenheim für Ärztinnen konzipiert war. Lassmann verstand sich selbst zeitlebens als Akademikerin und Technikerin und unterstützte die geschlechtsspezifischen Bestrebungen von Frauen nach Bildung, Eigenständigkeit und Wertschätzung in allen Belangen.

Abschließend sei noch auf den Beitrag Lassmanns im kommunalen und privaten Wohnbau, im Schulbau sowie beim Bau von Einfamilienhäusern verwiesen.

Lassmanns arbeitsreiches Leben endete am 20. Februar 2007.

Pensionistenheim Atzgersdorf, Wien 23, 1974–1977, in: Elise Sundt, Monika Klenovec et al. (Hrsg.), *Ziviltechnikerinnen*, Wien 1982

1 Zu den biografischen Daten von Edith Lassmann siehe: Ute Georgeacopol-Winischhofer, „Sich-bewähren am Objektiven". Bildung und Ausbildung der Architektin an der Technischen Hochschule in Wien von 1919/20 bis 1944/45, in: Juliane Mikoletzky, Ute Georgeacopol-Winischhofer, Margit Pohl (Hrsg.), „Dem Zuge der Zeit entsprechend …". Zur Geschichte des Frauenstudiums in Österreich am Beispiel der Technischen Universität Wien, Wien 1997, S. 237–241; dies., Edith Lassmann, geb. Jurecka, in: Brigitta Keintzel, Ilse Korotin (Hrsg.), Wissenschafterinnen in und aus Österreich. Leben – Werk – Wirken, Wien u. a. 2002, S. 446–449; Alexandra Kraus, Zum Leben und Werk der Architektin Edith Lassmann (1920–2007), Dipl.-Arb. Technische Universität Wien, Wien 2018.

2 Georgeacopol-Winischhofer, „Sich-bewähren", 1997, S. 253, Anm. 234.

3 Ibid., S. 239.

4 Georgeacopol-Winischhofer, Lassmann, 2002, S. 447.

5 Georgeacopol-Winischhofer, „Sich-bewähren", 1997, S. 239.

6 Archiv der Zentralvereinigung der ArchitektInnen Österreichs (ZV), Mitgliedsakt Edith Lassmann, Fragebogen, 10.10.1945.

7 Renata Kassal-Mikula et al. (Hrsg.), Das ungebaute Wien. Projekte für die Metropole 1800–2000, Ausstellungskatalog Historisches Museum der Stadt Wien, Wien 1999, S. 366 f. Alfred Kellers Entwurf „Forum Karlsplatz" befindet sich im Archiv der Technischen Universität Wien.

8 Archiv ZV, Mitgliedsakt Edith Lassmann.

9 Georgeacopol-Winischhofer, „Sich-bewähren", 1997, S. 239.

10 Archiv ZV, Mitgliedsakt Edith Lassmann, Aufnahmebescheid der Reichskammer der bildenden Künste Berlin.

11 Ibid., Edith Lassmann, Eidesstattliche Erklärung, 18.10.1945.

12 Ibid., Schreiben der ZV an Edith Lassmann, 21.10.1947.

13 Georgeacopol-Winischhofer, „Sich-bewähren", 1997, S. 239.

14 Ibid.

15 ARGE Architektinnen und Ingenieurkonsulentinnen (Hrsg.), Frauen in der Technik von 1900 bis 2000. Das Schaffen der österreichischen Architektinnen und Ingenieurkonsulentinnen, Wien 1999, S. 45.

16 Ibid. Ab 1946 befasste sich Lassmann mit diesem frauenspezifischen Wohnprojekt, das sich allerdings auf einen Um- und nicht auf einen Neubau bezog und finanziell nicht umsetzbar war. Sabina A. Riss, Frauengerechte Modellwohnprojekte der 1990er Jahre. Die versuchte Einflussnahme von Frauen als Auftraggeberinnen auf den österreichischen geförderten Wohnbau, Diss. Technische Universität Wien, Wien 2017, S. 93 f.

17 Cordula Schulze, Nachkriegswohnbau für berufstätige alleinstehende Frauen, www.schulze-foto.de/2021/06/19/nachkriegswohnbau-fuer-berufstaetige-alleinstehende-frauen (Zugriff 24.5.2022).

18 Sarah Grassler, Wohnen von Frauen in Wien und historische Wohnreform Modellprojekte, www.frauenundwohnen.at/wohnen-von-frauen-in-der-zwischenkriegszeit-bis-nachkriegszeit (Zugriff 24.5.2022).

19 Valentin E. Weber-Wille, Architektur von Wasserkraftwerken in Österreich, Diss. Technische Universität Wien, Wien 2013, S. 26–31.

20 Hugo Riha, Ideenwettbewerb für die Ausbildung der Limbergsperrenkrone, in: Johann Götz (Hrsg.), Die Hauptstufe des Tauernkraftwerks Glockner-Kaprun der Tauernkraftwerke A.G. Zell am See, 1951, S. 173–179. Vgl. E. L. (Edith Lassmann), Das Krafthaus Limberg, in: Der Bau, Heft 11/12, 1952, S. 238 f., 255.

21 Der erste Preis ging an den Wiener Architekten Harald Bauer (zwei Varianten eingereicht), der zweite Preis an Karl Rebhahn aus Linz.

22 Riha, Ideenwettbewerb, 1951, S. 177.

23 Georgeacopol-Winischhofer, Lassmann, 2002, S. 448 f.

24 Erika Thurner, Nationale Identität und Geschlecht in Österreich nach 1945, Innsbruck 2019, S. 65.

25 Anton Seda, Wettbewerb Stadt des Kindes, in: Der Aufbau, Heft 1/2, 1970, S. 52–57.

26 Stadt Wien / Stadtbauamtsdirektion (Hrsg.), Pensionistenheim Sonnenhof, in: Die Stadt Wien gibt Auskunft, Heft 43, Wien 1964.

27 Kraus, Leben und Werk, 2018, S. 87–94.

28 Zu Lore Antoine siehe: Christine Kanzler, Antoine, Lore, https://austria-forum.org/webbooks/biografienosterreich00de2018isds/000028 (Zugriff 24.5.2022).

Porträtfoto Leonie Pilewski,
um 1930, Österreichisches
Staatsarchiv

„Haus der Wirtschaft" in Charkow, Gesamtansicht

NEUE BAUAUFGABEN IN DER SOWJET-UNION

LEONIE PILEWSKI

Es ist in Westeuropa vielfach die Meinung verbreitet, die Revolution in Rußland habe zugleich eine Revolution in der Kunst herbeigeführt. Diese Annahme könnte vielleicht durch die Entwicklung des russischen Theaters bestätigt werden, welches durch die Revolution Millionen von neuen unverbrauchten, an keine Tradition gebundenen Zuschauern gewon-

nen hat. Dagegen konnten in der Architektur moderne Anschauungen sich zunächst nicht durchsetzen. In den letzten drei Jahren jedoch haben sie sich, von Moskau ausgehend, mit ungeheuer Intensität über das ganze Riesengebiet der U.S.S.R. verbreitet. Diese erstaunliche Popularität verdankt die neue Architektur der Tatsache, daß man in ihrer

„Haus der Wirtschaft" in Charkow, Teilansicht

231

Armenikend. Die neue Stadt für die Arbeiter des Petroleum-Konzerns „Asneft"

NEUER WOHNUNGSBAU IN DER SOWJETUNION

LEONIE PILEWSKI

Das Jahr 1930 bedeutet einen Wendepunkt im Wohnungsbau der Sowjetunion. Während in den letzten Jahren neue, spezifisch russische Bauaufgaben gelöst wurden, bot der ein wenig stiefmütterlich behandelte Wohnungsbau zunächst nichts Neues. Die wegen Mangel an Tradition notwendige Anlehnung an ausländische, hauptsächlich deutsche Beispiele brachte eine stete Verbesserung der Grundrisse und städtebaulichen Anlagen mit sich. Der Wohnungsbau war jedoch Schwankungen der jeweiligen Wirtschaftspolitik unterworfen und durch den „neuen Kurs" (Kampf gegen die Kulaken, beschleunigte Industrialisierung usw.) aus den gewohnten Bahnen herausgerissen und vor gewaltige Aufgaben gestellt worden. Das Bauprogramm umfaßt den Bau von 200 neuen sozialistischen Städten mit Bewirtschaftungen, Erziehungs- und kulturellen Anlagen auf kollektiver Grundlage. Mehrere davon sind bereits im Bau begriffen. Um für diese neue Bausituation einigermaßen ein Verständnis aufbringen zu können, muß man die Grundzüge der bisherigen Entwicklung kennen.

In der sozialistischen Zeit waren in der Hauptsache drei Wohnformen für Arbeiter und kleine Handwerker verbreitet: in der Stadt: Kellerwohnungen in den vornehmen Häusern, an der Peripherie der Stadt: Zusammenballung von bäuerlichen Holzhäusern ohne Wasserleitung, Kanalisation, Verkehrsmittel usw., auf dem Lande: neben der Fa-

brik Holzbaracken mit notdürftigen gemeinsamen Schlafräumen, in denen auch verheiratete Arbeiter untergebracht wurden. So förderte bereits die zaristische Wohnungspolitik einen fragwürdigen „Kollektivgeist".

Nach dem ersten Mißerfolgen im Jahre 1924 mit Flachbauten in Ersatzbauweisen ging man in Moskau zum Hochbau über. Der hier zunächst angewandte Vierzimmertyp mußte einem Zweispännertyp — hauptsächlich dank der Kritik von Bruno Taut — weichen. Jedoch auch dieser entsprach nicht den russischen Verhältnissen. Die aus 3 bis 4 Zimmern, kleiner Küche, Klosett, meist auch Badezimmer bestehende Wohnung war für eine Familie zu teuer. (Nach den Bestimmungen der russischen Gewerkschaften darf die Miete bei unqualifizierten Arbeitern nicht 6 v.H. bei qualifizierten nicht 10 v.H. des Einkommens übersteigen.) Viel wesentlicher aber war, daß durch Errichtung dieser großen Wohnungen der Bedarf nicht annähernd gedeckt werden konnte. (Der jährliche Bevölkerungszuwachs in Moskau beträgt 100 000 bis 150 000 Menschen.) In dem mehr als 5geschossigen Häusern mit Aufzug versuchte die Moskauer Stadtverwaltung die Anlage von 1- bis 2-Zimmerwohnungen an einem Mittelgang, die sich aber auch nicht bewährte und von seiten des Stadtbaurates May Mißbilligung gefunden hat. Auf dem Lande, in der Nähe der neuen Industrie-Anlagen wurden mäch-

Sonnenbad auf der Dachterrasse des ersten
Kommunalhauses, Moskau.
Bauherr: Baugenossenschaften

Bain de soleil sur la terrasse du toit de la première maison communale. Propriétaire: coopératives de construction

Sun bath on the roof terrace of the first communal house. Built by the Building Societies

98

Leonie Pilewski
1897–1992

UM DIE NEUE GESTALTUNG

RUSSLAND
Moderne Bauten in Moskau
Von Architektin Dipl. Ing. Leonie Pilewski.

LENIN-INSTITUT: Architekt Tschernytschew.
Ansicht des Turmes (Archiv und Bibliothek)

86

ARCHITEKTUR-QUERSCHNITT

WOHNUNGSBAU IN RUSSLAND
Von Architektin Dipl. Ing. Leonie Pilewski.

Im Jahre 1923/4 wurde für 10,7 Millionen Rubel gebaut

„ „ 1924/5 „ 31,8 „ „

„ „ 1925/6 „ 54,6 „ „

„ „ 1926/7 „ 66 „ „

MOSKAU. Projekt des „Moßowjet" für das Jahr 1928 zur Bebauung des Geländes an der Enthusiasten-Chaussee. Im Zentrum Speisehaus, Warenhaus, Verwaltungsgebäude. Oben links Wasch- und Badeanstalt sowie Zentralheizungsanlage für den ganzen Block.

MOSKAU. Perspektivische Ansicht der Wohnblöcke an der Pocztowaja-Straße. Aus „Stroitelstwo Moskwy"

31

„Haus der Wirtschaft" in Charkow, Gesamtansicht

Foto: Press-Clichee, Moskau

NEUE BAUAUFGABEN IN DER SOWJET-UNION

LEONIE PILEWSKI

Es ist in Westeuropa vielfach die Meinung verbreitet, die Revolution in Rußland habe zugleich eine Revolution in der Kunst herbeigeführt. Diese Annahme könnte vielleicht durch die Entwicklung des russischen Theaters bestätigt werden, welches durch die Revolution Millionen von neuen unverbrauchten, an keine Tradition gebundenen Zuschauern gewonnen hat. Dagegen konnten in der Architektur moderne Anschauungen sich zunächst nicht durchsetzen. In den letzten drei Jahren jedoch haben sie sich, von Moskau ausgehend, mit ungeheurer Intensität über das ganze Riesengebiet der U. S. S. R. verbreitet. Diese erstaunliche Popularität verdankt die neue Architektur der Tatsache, daß man in ihrer

„Haus der Wirtschaft" in Charkow, Teilansicht

Foto: Press-Clichee, Moskau

Leonie Pilewski, „Neue Bauaufgaben in der Sowjetunion", in: *Die Form*, Heft 9, 1930

Leonie Pilewski war neben Ella Briggs eine der ersten Frauen, die eine Mitgliedschaft in der Zentralvereinigung der Architekten Österreichs (ZV) anstrebten und 1925 in die ZV aufgenommen wurden. Beide waren über den Umweg eines Studiums an einer Technischen Hochschule in Deutschland zu ihrem Studienabschluss gekommen, da sie an der Technischen Hochschule Wien nicht zugelassen worden waren. Der Ingenieurstitel war eine der Voraussetzungen für die Aufnahme in die ZV, zudem musste jeder und jede, wie in den Satzungen von 1929 gefordert, eine fünfjährige Praxis im „Atelier eines anerkannten Architekten" nachweisen. Dieses Junktim war für diese erste Architektinnengeneration eine nahezu uneinnehmbare Hürde.

Trotz der ökonomisch widrigen Rahmenbedingungen der Zwischenkriegszeit verfolgte Pilewski entschlossen ihr Ziel, ihren Beruf als freischaffende Architektin auszuüben. Sie war weltgewandt und engagierte sich als Sozialistin für die Rechte der Frauen sowie für die Abrüstung, partizipierte aktiv am Architekturdiskurs der Moderne, publizierte in den bedeutendsten zeitgenössischen Architekturzeitschriften und Tageszeitungen und war in der Architekturvermittlung tätig. Zu gerne hätte man gewusst, ob sie sich auch in der ZV einbrachte, was jedoch aufgrund der fehlenden Aktenlage nicht nachvollziehbar ist. Die politische und kulturelle Aufbruchstimmung, die in den 1920er- und frühen 1930er-Jahren die Bautätigkeit in Wien maßgeblich bestimmte und auch den ersten Architektinnen vereinzelt Aufträge einbrachte, erfuhr durch den Austrofaschismus und den aufkeimenden Antisemitismus ein jähes Ende. Als jüdische Architektin flüchtete Pilewski am Tag des „Anschlusses" aus Wien.

Leonie Pilewski, verehelichte Karlsson, stammte aus Weinbergen, einer deutschen Kolonie nahe Lemberg in Galizien, das als Kronland bis 1918 zu Österreich-Ungarn gehörte. Die Familie Pilewski dürfte während des Ersten Weltkriegs nach Wien geflohen sein, nachdem Galizien ab 1914 zu einem Kriegsschauplatz zwischen den Mittelmächten und Russland geworden war. Pilewskis Vater, Oskar Pilewski, war Facharzt für innere Medizin und Kinderkrankheiten in Lemberg und eröffnete spätestens 1916 eine Praxis in Wien.[1] In der Reichshaupt- und Residenzstadt lebte bereits ein Familienmitglied, die Schwester ihrer Mutter Sofie Pilewski, Friederike Lubinger (geb. 1870). Lubinger, die in Zürich ein Medizinstudium abgeschlossen hatte, wurde nach der erneuten Ablegung der Matura und sämtlicher Rigorosen 1902 als zweite Frau nach Gabriele Possanner an der Medizinischen Universität Wien promoviert.[2] Ab 1903 erhielt sie einen Vertrag als Kassenärztin. Lubingers Leben zeichnete sich durch ein hohes soziales und frauenpolitisches Engagement aus, das auch Leonie Pilewski zu eigen war. Die beiden Frauen standen sich nahe, ab 1928 teilten sie sich eine Wohnung in der Mariahilfer Straße 47, wo die Ärztin auch ihre Ordination besaß. Am 14. März 1938 wurde Lubinger von der Gestapo verhaftet und 1939 unter dem Vorwurf „gewerbsmäßiger Abtreibung" zu schwerem Kerker verurteilt, und ihr wurde der Doktortitel aberkannt.[3] 1940 gelang es Leonie Pilewski, ihre 70-jährige Tante nach Schweden zu holen.

Das familiäre akademische Umfeld dürfte das junge Mädchen, das von Jugend an von einem technischen Studium träumte, in seinen Ambitionen durchaus bestärkt haben. Unmittelbar nach der Matura am Mädchengymnasium Rahlgasse im Jahr 1915 suchte Pilewski regelmäßig um Zulassung zur Technische Hochschule Wien an, erlangte aber nur den Status einer außerordentlichen Hörerin in der Maschinenbauschule. Bis zur offiziellen Zulassung von Frauen zum Architekturstudium im Jahr 1919 wurden Ansuchen von Frauen regelmäßig abgewiesen. Solange Frauen keine Matura besaßen, konnte die Hochschule mit Hinweis auf die gesetzlichen Grundlagen etwaige Ansuchen auf Zulassung ablehnen. Bei Pilewski zog dieses Argument nicht, weshalb man andere Begründungen vorbrachte, die meist auf geschlechtsspezifischen Vorurteilen, zum Beispiel dass Frauen keine mathematischen Fähigkeiten hätten

UM DIE NEUE GESTALTUNG

RUSSLAND

Moderne Bauten in Moskau

Von Architektin Dipl. Ing. Leonie Pilewski.

Das Moskauer Stadtbild ist voll von Gegensätzen. Die Altstadt, die sogenannte Chinesenstadt „Kitajgorod", ein malerisches Gewirr an krummen Gäßchen, bunten Häusern, Kirchen mit Zwiebeltürmen – man spürt den Hauch von Mittelalter und die Nähe von Asien –. Die neueren Stadtteile aus dem XIX. Jahrhundert, ein Chaos von erdgeschossigen Holzhäusern in archaischen, byzantischen Formen, aus deren Mitte ganz plötzlich hohe massive Mietskasernen herausragen. An einigen Straßen Moskaus hat der Jugendstil in seiner schrecklichsten Form gewütet, daneben haben Architekten der zaristischen Zeit alle Elemente der vorangegangenen Stilperioden verwendet. Rußland war vor der Revolution in technischer Hinsicht ein ganz rückständiges Land und hatte mit der modernen Architekturbewegung keine Berührung gehabt.

Die Kriegsjahre und die folgenden sechs Jahre der Revolution haben vollkommenen Stillstand der Bautätigkeit mit sich gebracht. Die ersten schüchternen Versuche in Moskau wurden im Jahre 1923 unternommen. Da die Wohnungsnot ungeheuer groß war, wurden zunächst Arbeiterwohnhäuser errichtet. Die Bevölkerungszahl stieg von 1,542.874 im Jahre 1923 auf 2,019.453 im Jahre 1926; augenblicklich beträgt sie ungefähr 2,500.000 Einwohner.

Da die Bautätigkeit so viele Jahre gestockt hatte, war überhaupt keine Bauindustrie, keine Baumaterialien, kein trockenes Holz zu haben. Es mußte von Grund aus alles neu geschaffen, neu organisiert werden. Außerdem vergab die Regierung die Bauaufträge an die Architekten, die sich schon unter der zaristischen Herrschaft einen Namen erworben hatten. Auf diese Weise sind um das Jahr 1923 Bauten entstanden, die an die mitteleuropäischen Bauten aus der schlimmsten Zeit des XIX. Jahrhunderts erinnern.

Aber die jungen Architekten ruhten nicht. Sie setzten Hunderte von Papierprojekten in die Welt, von denen ein jedes ein Märchen aus Beton, Glas und Eisen war. Nirgends auf der Welt gibt es einen solch erbitterten Kampf zwischen den Jungen und den Alten wie in Rußland, denn nirgends sind die Alten so rückständig und konservativ und nirgends springen die Jungen ihrer Zeit so voran und träumen von Industrialisierung und Rationalisierung wie von gegebenen Tatsachen, während Rußland trotz großer Fortschritte der letzten Jahre auf dem Gebiete der Technik noch einen weiten Weg zurückzulegen hat. Man hat das Gefühl, als ob zwischen den Bauten der Alten aus dem Jahre 1923 und den Bauten einiger Jungen, die sich in den Jahren 1925/26 durchgesetzt haben, hundert Jahre der Entwicklung liegen würden.

„LENIN-INSTITUT" Architekt Tschernyschew
Ansicht des Turmes (Archiv und Bibliothek)

Als erster Vorstoß gegen das Alte in der Architektur galt das „Lenininstitut" von Architekt Tschernyschew, der gewagt hatte, ein Gebäude mit „wenig Architektur" auf einen historischen Platz, der vollkommen einheitlich mit Gebäuden aus dem Ende des XVIII. und Anfange des XIX. Jahrhunderts bebaut war, zu setzen. Das „Lenininstitut" ist eine wissenschaftliche Anstalt für die Sammlung, Bearbeitung und Herausgabe des reichen literarischen Nachlasses von Lenin. Das Gebäude soll die doppelte Aufgabe erfüllen: als Archiv für 20.000 Handschriften Lenins und als Stätte

Leonie Pilewski, „Russland. Moderne Bauten in Moskau", in: *Das neue Frankfurt*, Heft 2, 1928

ARCHITEKTUR = QUERSCHNITT

WOHNUNGSBAU IN RUSSLAND
Von Architektin Dipl. Ing. Leonie Pilewski.

Die Wohnungsbautätigkeit der Union der Soz. Sowjetrepubliken wächst von Jahr zu Jahr in dem Maße wie die junge Sowjetwirtschaft sich konsolidiert und mehr Kapital für Wohnungsbau zur Verfügung stellen kann.

Von der gesamten Bausumme von ca. 350 Millionen Rubel (700 Millionen Mark), die für das Jahr 1928 für Wohnungsbau vorgesehen war, fällt ungefähr ein Drittel auf die Hauptstadt Moskau und Moskauer Gouvernement. Das Anwachsen der Wohnungsbautätigkeit in Moskau illustrieren folgende Zahlen:

Im Jahre 1923/4 wurde für 10,7 Millionen Rubel gebaut
„ „   1924/5   „   „ 31,8   „   „   „
„ „   1925/6   „   „ 54,6   „   „   „
„ „   1926/7   „   „ 66   „   „   „

Während in der Provinz hauptsächlich in den Bergwerks-Gegenden wie am Ural und im Donez-Becken, die verstaatlichte Industrie neue Fabriken und anschließend daran Arbeitersiedlungen baut, ist der Anteil der Industrie am Wohnungsbau in der Hauptstadt ziemlich unbedeutend. Der Hauptträger der Wohnungsbautätigkeit in Moskau ist die städt. Verwaltungsbehörde „Mossowjet". An zweiter Stelle kommt dann die Baugenossenschaft, deren junge, im Jahre 1924 erst gegründete Organisation immer größere Schichten

der werktätigen Bevölkerung in sich aufnimmt und immer größeren Einfluß auf die Intensivierung der Wohnungsbautätigkeit in der U. S. S. R. ausübt.

Die städt. Verwaltungsbehörde „Mossowjet" führt einen heroischen Kampf gegen die furchtbare Wohnungsnot, welche das Schicksal der Hauptstadt des neuen Rußland nach dem Kriege und der Liquidierung des Bürgerkrieges geworden ist. Schon der Name „Mossowjet", Abkürzung für „Moskauer Rat der Arbeiter, Bauern und Soldaten" besagt, daß es sich hier um eine ganz neue, eigenartige, vor der Revolution unbekannte Form der Verwaltung handelt, welche in innigster Fühlungnahme mit der werktätigen Bevölkerung zusammenarbeitet. Die Bezeichnung Arbeiter erstreckt sich in diesem Falle auch auf alle Arten von Angestellten, es ist z. B. Sitte, einen Gelehrten als wissenschaftlichen Arbeiter zu bezeichnen. Um die einzelnen Etappen der Wohnungsbautätigkeit verstehen zu können, muß man die Psychologie der Werktätigen in bezug auf die Wohnungsbedürfnisse kennen und eine Parallele zwischen dem vorrevolutionären und dem heutigen Moskau ziehen. Moskau war unter der zaristischen Herrschaft ein erschreckendes Beispiel des Wohnungselends der armen Bevölkerungsschichten gewesen. Nach einer Statistik aus dem Jahre 1912 wohnten 300000 Menschen in Elendswohnungen, 120000 Menschen unter der Erde, im Keller oder Halbkeller. Die Armenviertel in Moskau hatten nicht den Charakter eines europäischen Proletarierviertels mit seinen

MOSKAU. Projekt des „Mossowjet" für das Jahr 1928 zur Bebauung des Geländes an der Enthusiasten-Chaussee. Im Zentrum Speisehaus, Warenhaus, Verwaltungsgebäude. Oben links Wasch- und Badeanstalt sowie Zentralheizungsanlage für den ganzen Block.

MOSKAU. Perspektivische Ansicht der Wohnblöcke an der Pocztowaja-Straße. Aus „Stroitelstwo Moskwy"

31

Leonie Pilewski, „Wohnungsbau in Russland", in: *Das neue Frankfurt*, Heft 3, 1929

oder dem vorgeblich mangelnden räumlichen Vorstellungsvermögen, fußten. Pilewski unterstellte man gar, den Krieg für ihr Ansinnen auszunutzen: Gerade zu einer Zeit, als die Männer „vor dem Feinde kämpfen", empfand man ihren Antrag als besonders „untunlich", da man mit der Zulassung von Frauen eine „neue Gruppe" von „Mitbewerber[n] im Berufe" schaffen würde.[4] Die Professoren dürften erkannt haben, dass sich mit der Aufnahme von Frauen eine berufliche Konkurrenz einstellen würde. Dank Pilewskis Beharrlichkeit gelang es ihr zumindest, einige Fächer als Gasthörerin und als Hospitantin abzulegen, ehe sie 1917 nach Darmstadt zog, wo Frauen seit dem Jahr 1908 an der Technischen Hochschule zugelassen waren. Dort wechselte sie vom Maschinenbau- zum Architekturstudium, diplomierte 1922 und erwarb den Ingenieurtitel.

Die wenigen biografischen Angaben zu ihrem Leben wurden 1933 in der Zeitschrift *Österreichische Kunst* publiziert, wo es heißt, Pilewski habe nach dem Studienabschluss „in Darmstadt und Berlin im Siedlungsbau gearbeitet und unter dem Einfluß von Mendelsohn und Gropius an Villenbauten mitgeschaffen. Die Jahre 1926 bis 1928 hat sie in Moskau verlebt und sich in Baugenossenschaften beim Bau von Arbeiterheimen betätigt. Zuletzt hatte sie Gelegenheit, in Arosa an Villen, Sanatorien und Hotelküchen mitzuarbeiten und unter dem Einfluß des von ihr besonders verehrten holländischen Architekten Oud ihren modernen Stil voll schlichter, guter Einfachheit und Zweckmäßigkeit licht- und lufterfüllt auszubilden."[5] Diesen Informationen zufolge war Pilewski vor ihrer Aufnahme in die ZV in Berlin tätig, wo sie in diversen Büros mitgearbeitet haben dürfte. 1925 dürfte sie für das Ansuchen zur Aufnahme in die ZV in Wien gewesen sein, ehe sie für zwei Jahre, 1926 bis 1928, nach Moskau ging.

1928 sprach Pilewski beim Gründungskongress des Bundes der Freunde der Sowjetunion im Festsaal des Österreichischen Ingenieur- und Architekten-Vereins über die Bautätigkeit im neuen Russland. Zentrales Thema des Kongresses war jedoch die Abrüstung.[6] Ihre Berichte über das sowjetische Baugeschehen veröffentlichte sie im publizistischen Organ der Beratungsstelle für Inneneinrichtung des Österreichischen Verbandes für Wohnungsreform (BEST) *Die Wohnungsreform*, in linken Tageszeitungen und den fortschrittlichsten Medien der Zeit, in der von Ernst May herausgegebenen Zeitschrift *Das neue Frankfurt. Internationale Monatsschrift für die Probleme kultureller Neugestaltung*, in der Zeitschrift des Deutschen Werkbundes *Die Form. Zeitschrift für gestaltende Arbeit* oder in der *Allgemeinen Bauzeitung*.[7]

Wie zahlreiche westliche Architekt*innen, darunter Le Corbusier, Erich Mendelsohn, Hannes Meyer, Ernst May, Margarete Schütte-Lihotzky, Wilhelm Schütte u. a., dürfte sich Pilewski von den Möglichkeiten, am Aufbau des nachrevolutionären Russlands mitzuwirken, angezogen gefühlt haben. Da sie in Galizien aufgewachsen war, musste ihr neben Deutsch und Polnisch auch Ukrainisch vertraut gewesen sein. Das Erlernen des Russischen, als dritter slawischer Sprache, dürfte ihr keine Probleme bereitet haben. Die Sprachkenntnis erleichterte den Zugang zum Arbeitsmarkt und das für ihre profunden Reportagen unabdingbare Reisen durch die Sowjetunion. Auch wenn Pilewskis Artikel, die mit vermutlich selbst gefertigten Fotos reich illustriert waren, erst nach ihrer Rückkehr aus der Sowjetunion verfasst wurden, bieten sie einen spannenden Einblick in das Baugeschehen der Avantgarde in Moskau, Lwiw [oder Lemberg], Charkow (Charkiw) u. a. Trotz der Faszination für die Bauten der Konstruktivisten wie Moissei Ginsburg u. a. sowie für die neuen technischen Materialien wie Beton, Eisen und Glas berichtete sie kritisch von den aufbrechenden Gegensätzen in der sowjetischen Gesellschaft und den unterschiedlichen Theorien im Wohn- und Städtebau. Im Wesentlichen ging es dabei um die Auseinandersetzung zwischen den Urbanisten um Leonid Sabsowitsch und die Brüder Wesnin, die für größenmäßig überschaubare Industrie- und Agrarstädte mit Wohnblöcken eintraten, und den sogenannten

Armenikend. Die neue Stadt für die Arbeiter des Petroleum-Konzernes „Asneft"

Armenikend. La nouvelle ville destinée aux ouvriers du consortium pétrolifère „Asneft"

Armenikend. The new town for the workmen of the Petroleum concern „Asneft"

NEUER WOHNUNGSBAU IN DER SOWJETUNION

LEONIE PILEWSKI

Das Jahr 1930 bedeutet einen Wendepunkt im Wohnungsbau der Sowjetunion. Während in den letzten Jahren neue, spezifisch russische Bauaufgaben gelöst wurden, bot der ein wenig stiefmütterlich behandelte Wohnungsbau zunächst nichts Neues. Die wegen Mangel an Tradition notwendige Anlehnung an ausländische, hauptsächlich deutsche Beispiele brachte eine stete Verbesserung der Grundrisse und städtebaulichen Anlagen mit sich. Der Wohnungsbau war jedoch Schwenkungen der jeweiligen Wirtschaftspolitik unterworfen und durch den „neuen Kurs" (Kampf gegen den Kulaken, beschleunigte Industrialisierung usw.) aus den gewohnten Bahnen herausgerissen und vor gewaltige Aufgaben gestellt worden. Das Bauprogramm umfaßt den Bau von 200 neuen sozialistischen Städten mit Bewirtschaftungs-, Erziehungs- und kulturellen Anlagen auf kollektiver Grundlage. Mehrere davon sind bereits im Bau begriffen. Um für diese neue Bausituation einigermaßen ein Verständnis aufbringen zu können, muß man die Grundzüge der bisherigen Entwicklung kennen.

In der zaristischen Zeit waren in der Hauptsache drei Wohnformen für Arbeiter und kleine Handwerker verbreitet: in der Stadt: Kellerwohnungen in den vornehmen Häusern, an der Peripherie der Stadt: Zusammenballung von bäuerlichen Holzhäusern ohne Wasserleitung, Kanalisation, Verkehrsmittel usw., auf dem Lande: neben der Fabrik Holzbaracken mit notdürftigen gemeinsamen Schlafräumen, in denen auch verheiratete Arbeiter untergebracht wurden. So förderte bereits die zaristische Wohnungspolitik einen fragwürdigen „Kollektivgeist".

Nach den ersten Mißerfolgen im Jahre 1924 mit Flachbauten in Ersatzbauweisen ging man in Moskau zum Hochbau über. Der hier zunächst angewandte Vierspännertyp mußte einem Zweispännertyp, — hauptsächlich dank der Kritik von Bruno Taut — weichen. Jedoch auch dieser entsprach nicht den russischen Verhältnissen. Die aus 3 bis 4 Zimmern, kleiner Küche, Klosett, meist auch Badezimmer bestehende Wohnung war für e i n e Familie zu teuer. (Nach den Bestimmungen der russischen Gewerkschaften darf die Miete bei unqualifizierten Arbeitern nicht 6 v. H., bei qualifizierten nicht 10 v. H. des Einkommens übersteigen.) Viel wesentlicher aber war, daß durch Errichtung dieser großen Wohnungen der Bedarf nicht annähernd gedeckt werden konnte. (Der jährliche Bevölkerungszuwachs in Moskau beträgt 100 000 bis 150 000 Menschen.) In den mehr als 5geschossigen Häusern mit Aufzug versuchte die Moskauer Stadtverwaltung die Anlage von 1- bis 2-Zimmerwohnungen an einem Mittelgang, die sich aber auch nicht bewährte und von seiten des Stadtbaurates May Mißbilligung gefunden hat. Auf dem Lande, in der Nähe der neuen Industrie-Anlagen wurden mäch-

Sonnenbad auf der Dachterrasse des ersten Kommunehauses, Moskau.
Bauherr: Baugenossenschaften

Bain de soleil sur la terrasse du toit de la première maison communale. Propriétaire: coopératives de construction

Sun bath on the roof terrace of the first communal house. Built by the Building Societies

98

Leonie Pilewski, „Neuer Wohnungsbau in der Sowjetunion", in: *Die Form*, Heft 3, 1931

foge
krun
— n
Die
von
men
here
leine
der
peri
nilfi
moo
Die
hab
Die
unte
zunä
von
blickt
Da e
kein
hab
liert
an e
eine
192
der
Abe
von
aus
eine
wie
kon
und
geg
der
Wes
Bau
Jung
der t

8

Wohnschlafraum einer Dame, um 1932, in: *Österreichische Kunst*, Heft 4, 1933

Wohnschlafraum eines Herren, Einrichtung im Haus Hugo Häring Nr. 1 auf der Werkbundausstellung Wien, 1932, in: *Österreichische Kunst*, Heft 4, 1933

N

notdürftigen gemeinsamen
auch verheiratete Arbeiter
förderte bereits die zari-
einen fragwürdigen „Kol-

rfolgen im Jahre 1924 mit
uweisen ging man in Mos-
. Der hier zunächst an-
yp mußte einem Zwei-
hlich dank der Kritik von
Jedoch auch dieser ent-
nen Verhältnissen. Die aus
Küche, Klosett, meist auch
Wohnung war für e i n e
n den Bestimmungen der
en darf die Miete bei un-
icht 6 v. H., bei qualifizier-
Einkommens übersteigen.)
war, daß durch Errichtung
en der Bedarf nicht an-
konnte. (Der jährliche Be-
oskau beträgt 100 000 bis
den mehr als 5geschossi-
versuchte die Moskauer
age von 1- bis 2-Zimmer-
elgang, die sich aber auch
seiten des Stadtbaurates
n hat. Auf dem Lande, in
trie-Anlagen wurden mäch-

Linken, den Desurbanisten um Michail Ochitowitsch, Moissei Ginsburg und Iwan Leonidow, die eine gleichmäßige Besiedlung des Landes entlang der Hauptverkehrsverbindungen in typisierten Einzelhäusern vorschlugen.

Dass modernste Bauten des neuen sozialistischen Staates mit dem körperlichen Einsatz und der Ausbeutung von Saisonarbeitern errichtet wurden, ist ein Widerspruch, den Pilewski nicht unterschlug. Besondere Aufmerksamkeit schenkte sie der „Grünen Stadt" bei Moskau, einem Volkspark zur Erholung des „neuen Menschen" und den kommunalen Bautypen wie den Arbeiterklubs oder den Kommunehäusern. Letztere nahm sie zum Anlass, um über diverse Formen des gemeinschaftlichen Wohnens zu reflektieren. Im Gegensatz zu dem mit einigen Vorbehalten beschriebenen vollkollektiven Typ schien sie dem zwischen 1928 und 1930 von Ginsburg in Moskau errichteten Narkomfin-Kommunehaus als Übergangsform vom privaten zum gesellschaftlichen Wohnen starke Sympathien entgegenzubringen. Es besitzt unterschiedlich große Wohnungen mit einem zweigeschoßigen Wohnraum, den sie mit den Loos-Häusern in der Wiener Werkbundsiedlung verglich, ferner einen Gemeinschaftsflügel mit Speiseräumen, einen Kindergarten, einen Gymnastikraum und einen Dachgarten.[8]

Im Sommer 1930 arbeitete sie als „Saison-Architektin"[9] in der Schweiz. Möglicherweise war der 1931 publizierte Artikel über die Bauten der Moderne in Arosa, einem sich damals im Aufschwung befindlichen Schweizer Berg- und Wintersportort, ein Ergebnis dieses Aufenthalts.[10]

Nach ihrer Rückkehr aus Russland beteiligte sich Pilewski am Wohndiskurs des Neuen Bauens und bereiste die CIAM-Kongresse (Congrès Internationaux d'Architecture Moderne) in Frankfurt 1929 („Die Wohnung für das Existenzminimum") und Brüssel 1930 („Rationelle Bebauungsweisen"), zu denen sie auch publizierte. „Abgesehen von der Sowjet-Union", so Pilewski, wo „ganz neue Wege auf kollektiver Basis in den neuen Städten versucht werden", sei „innerhalb der kapitalistischen Staaten Deutschland das Land […], wo entscheidende Kämpfe um die rationelle Wohnform ausgetragen werden."[11]

In Wien richtete sie ihr Augenmerk, wie andere Architektinnen, auf die Wohnung der proletarischen und berufstätigen Frau, für die es von Bedeutung war, „dass die Instandhaltung der Wohnung ihr möglichst wenig Mühe verursacht".[12] Nicht das bürgerliche, mit reicher Ornamentik versehene Stilmobiliar sei praktikabel, diese schweren Möbel verstellten nur den Raum und seien bloß Staubfänger. Deshalb plädierte sie für „gute billige Typenmöbel", die dem „Wohnkomfort der Arbeiterklasse" am besten entsprechen würden.[13] Demzufolge waren auch ihre eigenen Möbelentwürfe von einer schlichten Eleganz gekennzeichnet. Bei Naturholzmöbeln arbeitete sie gerne mit dem Kontrast bunt lackierter Oberflächen. Beispiele ihres sehr reduzierten, durch klare Formen geprägten Designs waren bei der Einrichtung des Hauses des deutschen Architekten Hugo Häring auf der Werkbundausstellung in Wien zu sehen.[14] Pilewski erhielt, wie Ilse Bernheimer und Rosa Weiser, die Chance, eigene Möblierungen umzusetzen. Einige weitere Kleinmöbel präsentierte sie auf der Ausstellung *25 Jahre Vereinigung bildender Künstlerinnen Österreichs*[15] (Arbeitsraum eines Junggesellen) und der vom Österreichischen Werkbund organisierten Ausstellung *Moderne Möbel im Privatbesitz*, die beide 1936 im Hagenbund zu sehen waren.

Besonderes Engagement zeigte Pilewski als Architekturvermittlerin. Viele Male führte sie im Sommer 1932 Interessierte durch die Wiener Werkbundsiedlung. So vermittelte sie ein Interview mit Gerrit Rietveld, dessen Doppelhaus Pilewski als Anhängerin von Jacobus Oud besonders gefallen haben dürfte.[16] Auch im Rahmen der vom Bund Österreichischer Frauenvereine (BÖFV) unter dem Titel „Modernes Wohnen" von 1930 bis 1938 angebotenen Wohnungsbegehungen bot Pilewski, wie auch andere Architektinnen wie Friedl Dicker,

Liane Zimbler, Helene Roth, Christa Deuticke-Szabo, Führungen durch die von ihr gestalteten Wohnungen an. Ausführliche Berichte dieser Wohnungsbesichtigungen wurden regelmäßig im Vereinsblatt des BÖFV *Die Österreicherin* publiziert. Bekannt sind die Besichtigungen eines „modernisierten Zimmers einer Studentin"[17] oder der Möblierung des Hauses 3 in der von Siegfried C. Drach 1934 erbauten, aus fünfzehn zweigeschoßigen Villen bestehenden Malfatti-Siedlung (1930–1932) in Wien-Hietzing, wo Pilewski für eine Orthopädin ein „Behandlungs- und Turnzimmer samt Warteraum sowie ein Wohn-Schlafzimmer" (1934) eingerichtet hatte.[18]

Zwischen 1935 und 1936 sind mehrmonatige Aufenthalte im Mandatsgebiet Palästina nachweisbar.[19] Als politisch wachsamer Frau musste ihr die vom Nationalsozialismus ausgehende Gefahr bewusst gewesen sein. Möglicherweise suchte sie wie andere österreichische Architekt*innen nach einer Beschäftigung in Palästina, recherchierte über das fortschrittliche Baugeschehen in Tel Aviv oder Haifa oder lotete die Chancen einer Emigration aus. Am 12. März 1938, dem Tag des Einmarsches deutscher Truppen, flüchtete Pilewski, nachdem die Gestapo nach ihr suchte, vorerst in die Schweiz. Am 18. Mai 1938 traf sie mit Unterstützung des Auslandsbüros der österreichischen Sozialdemokraten (ALÖS) in Stockholm ein.

In Stockholm ehelichte sie 1940 Olof Karlsson und widmete sich fortan hauptsächlich der Malerei. Überliefert sind luftige Landschaftsaquarelle (mit italienischen, schweizerischen und schwedischen Motiven) und Stillleben. Ob sie sich noch einmal als Architektin betätigte, ist nicht bekannt. 1956 beantragte sie beim „Fonds zur Hilfeleistung an politisch Verfolgte, die ihren Wohnsitz und ständigen Aufenthalt im Ausland haben", eine finanzielle Unterstützung, da sie, neben körperlichen Beeinträchtigungen, vor allem unter psychischen Problemen, ausgelöst durch die Emigration, leide. Dem Ansuchen wurde nicht entsprochen, ein Einspruch Pilewskis ohne nähere Angaben abgelehnt.[20] 1992 verstarb Leonie Pilewski-Karlsson in Stockholm.

1   Oskar Pilewski besaß erst ab 1916 eine Adresse in Wien. Siehe Adolph Lehmann's allgemeiner Wohnungs-Anzeiger: nebst Handels- u. Gewerbe-Adressbuch für d. k.k. Reichshaupt- u. Residenzstadt Wien u. Umgebung, Wien 1916.

2   O. A., Promotion einer Dame, in: Neue Freie Presse, 23.12.1902, S. 5.

3   O. A., Jüdische Ärzte als gewerbsmäßige Abtreiber, in: Kleine Volks-Zeitung, 21.7.1939, S. 11; https://scopeq.cc.univie.ac.at/query/report.aspx?rpt=1&id=49206 (Zugriff 18.4.2022).

4   Juliane Mikoletzky, Von den Anfängen bis zur Zulassung von Frauen zum ordentlichen Studium an österreichischen Technischen Hochschulen 1919, in: dies., Ute Georgeacopol-Winischhofer, Margit Pohl (Hrsg.), „Dem Zuge der Zeit entsprechend …" Zur Geschichte des Frauenstudiums in Österreich am Beispiel der Technischen Universität Wien, Wien 1997, S. 54.

5   O. A., Dipl.-Ing. Arch. Leonie Pilewski, in: Österreichische Kunst, Heft 4, 1933, S. 30.

6   O. A., Kongress des österreichischen Bundes der Freunde der Sowjetunion, in: Die Rote Fahne, 24.11.1928, S. 3; o. A., Kundgebung für den Abrüstungsgedanken, in: Der Tag, 27.11.1928, S. 7.

7   Sabine Plakolm-Forsthuber, Darstellungen und Selbstdarstellungen. Publikationen der ersten Architektinnen im Roten Wien, in: Harald R. Stühlinger (Hrsg.), Rotes Wien publiziert. Architektur in Medien und Kampagnen, Wien u. a. 2020, S. 55–67.

8   Leonie Pilewski, Moderne Bauten in Moskau, in: Das neue Frankfurt, Heft 2, 1928, S. 86–90; dies., Wohnungsbau in Russland, in: Das neue Frankfurt, Heft 3, 1929, S. 31–34; dies., Neue Bauaufgaben in der Sowjet-Union, in: Die Form, Heft 9, 1930, S. 231–237, dies., Wohnungspolitik in der Sowjetunion, in: Die Wohnungsreform, 1, Heft 5, 1930, S. 4–7; dies., Neuer Wohnungsbau in der Sowjet-Union, in: Die Form, Heft 3, 1931, S. 98–106; dies., Der Park der Kultur und Erholung in Moskau, in: Die neue Stadt, Heft 12, 1932, S. 7 f.; dies., Versuche kollektiven Lebens, in: Arbeiter-Zeitung, 21.2.1933, S. 6.

9   AT-OeStA/AdR E-uReang AHF K Karlsson, Leonie, Reisepass Leonie Pilewski.

10 Leonie Pilewski, Neue Bauten in Arosa, in: Stein, Holz, Eisen, Heft 6, 1931, S. 105–108; Marcel Just, Christof Kübler, Matthias Noell (Hrsg.), Arosa. Die Moderne in den Bergen, Zürich 2007.

11 Leonie Pilewski, Dritter Internationaler Kongress für Neues Bauen, in: Die Wohnungsreform, 2, Heft 1, 1931, S. 9–11.

12 Leonie Pilewski, Was hat die moderne Architektin der modernen Frau zu sagen, in: Arbeiter-Zeitung, 17.1.1933, S. 6.

13 Ibid.

14 Gisela Urban, Schlichteste Formen, in: Innendekoration, 44, 1933, S. 236; H. A. V. (Hans Adolf Vetter), Die Architektin, in: profil, 4, Heft 1, 1933, S. 123.

15 Else Hofmann, 25 Jahre Vereinigung Bildender Künstlerinnen Österreichs, in: Österreichische Kunst, Heft 11, 1936, S. 28.

16 Ilse Bill, Lebensgestalter (ein Gespräch in der Werkbundsiedlung), in: Die Bühne, Heft 331, 1932, S. 17.

17 O. A., Modernes Wohnen, in: Die Österreicherin, 6, 1932, S. 2.

18 O. A., Modernes Wohnen, in: Die Österreicherin, 4, 1934, S. 3.

19 AT-OeStA/AdR E-uReang AHF K Karlsson, Leonie.

20 Ibid.

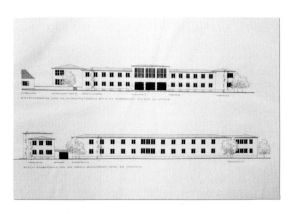

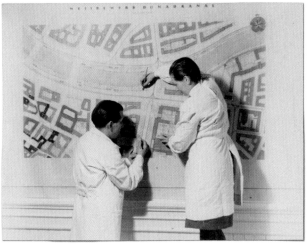

Eugenie Pippal-Kottnig und Boris Christo Christoff während
der Arbeit an einem Plan für den Wettbewerb für die Neugestaltung der Ufer des Donaukanals, Wien, 1946, Privatbesitz

Eugenie Pippal-Kottnig
1921–1998

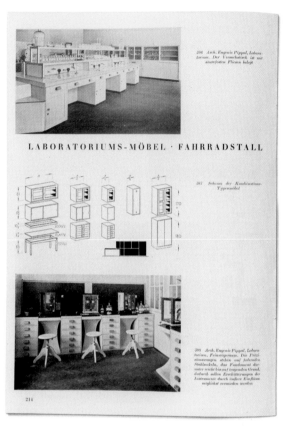

Text von Markus Kristan

306 *Arch. Eugenie Pippal, Laboratorium. Der Versuchstisch ist mit säurefesten Fliesen belegt*

LABORATORIUMS-MÖBEL · FAHRRADSTALL

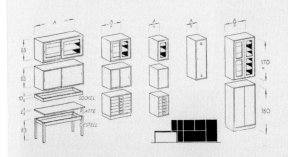

307 *Schema der Kombinations-Typenmöbel*

308 *Arch. Eugenie Pippal, Laboratorium, Feinwägeraum. Die Präzisionswaagen stehen auf federnden Stahlsockeln, das Fundament darunter reicht bis auf tragenden Grund, dadurch sollen Erschütterungen der Instrumente durch äußere Einflüsse möglichst vermieden werden*

214

„Laboratoriums-Möbel", 1942, in: *Der Bau*, Heft 9/10, 1953

Der Vater von Eugenie Kottnig, Karl Kottnig, geboren 1893 in Wien, ist Schlosser. Während des Ersten Weltkriegs dient er in der österreichisch-ungarischen Armee und wird gegen Kriegsende in das russische Kriegsgefangenenlager Anscher-Grube gebracht, wo er zur Arbeit auf einem Bauernhof eingesetzt wird. Dort lernt er die Russin Eudoxia (auch Eudokia) Mitrofanowna Tscheglowna, geboren 1896, kennen. Bald verlieben sich die beiden ineinander, was zu einer Heirat nach russisch-orthodoxem Ritus führt. Am 10. Januar 1921 wird dem Paar im Lager eine Tochter geboren, die sie auf den Namen Jewgenija (auf Deutsch Eugenie) taufen lassen.[1]

Nach einem mehrere Wochen dauernden Transport in Viehwaggons, den das Internationale Komitee vom Roten Kreuz für die letzten Kriegsgefangenen der ehemaligen österreichisch-ungarischen Armee organisiert, gelangt die kleine Familie im Sommer 1921 nach Wien. Hier findet Karl Kottnig bald Arbeit im städtischen Elektrizitätswerk. Sein Arbeitsplatz ist das Umspannwerk in der Kaunitzgasse 6–8 in Wien-Mariahilf. Im Haus Kaunitzgasse 6 erhält er von seinem Arbeitgeber eine Wohnung.

Nach der Volksschule besucht Eugenie Kottnig ab Herbst des Jahres 1932 für vier Jahre die Hauptschule. Hier wird sie nach den damals modernen Reformen Otto Glöckels (1874–1935), des damaligen sozialdemokratischen Präsidenten des Wiener Stadtschulrats, unterrichtet. Besonders wertvoll und beeindruckend ist für das junge Mädchen der Biologieunterricht, der aus Anschauungsunterricht, Pflanzenbestimmungen und dem Sezieren von Pflanzen besteht. Die hier erworbenen Kenntnisse kommen ihr später bei ihren Gartengestaltungen zugute.

In den 1930er-Jahren ist es möglich, nach dem Besuch der Hauptschule bereits im Alter von vierzehn Jahren an der Kunstgewerbeschule, der heutigen Universität für angewandte Kunst Wien, zu immatrikulieren und direkt das Diplom zu erwerben. Aus eigenem Antrieb und ohne jede fremde Hilfe entschließt sich Eugenie Kottnig, diesen Weg einzuschlagen.

In ihren ersten drei Studienjahren (1935/36, 1936/37 und 1937/38) studiert Eugenie Kottnig in der Allgemeinen Abteilung der Kunstgewerbeschule allgemeine Formenlehre bei Otto Niedermoser. In ihren letzten beiden Studienjahren (1938/39 und 1939/40) – sie ist inzwischen mit ihren Eltern in die Bernardgasse 31 in Wien-Neubau übersiedelt – studiert sie in der Fachklasse für Architektur bei Franz Schuster, der als sozial engagierter Architekt und Protagonist des Neuen Bauens gilt. Schuster, ein Schüler Heinrich Tessenows, ist – neben vielem anderen – nicht nur für kommunale Siedlungsbauten in Wien, sondern auch in Deutschland tätig, so zum Beispiel in Dresden-Hellerau und in Frankfurt am Main. Eugenie Kottnig erhält die Lehren Heinrich Tessenows gleichsam aus der Hand Franz Schusters, der sie weiterentwickelt hat. Sowohl Tessenows als auch Schusters theoretisches und praktisches Werk ist stark von ihren sozialen Anliegen geprägt, ihre Postulate sind Schlichtheit und Zweckmäßigkeit.

Schusters Lehre basiert auf einer Systematisierung und einem engen Realitätsbezug des Entwurfsprozesses.[2] Demgemäß entwirft Eugenie Kottnig im ersten ihrer beiden Studienjahre bei Schuster neben vielem anderen einen Wohnraum, ein Hitlerjugendheim, ein Landhaus im Wienerwald, einen Umbau und Möbel für eine Volkswohnung. Im zweiten Studienjahr sind es Entwürfe für ein Landhaus, einen Wohngarten, eine Skihütte sowie Farbstudien und Grundrissuntersuchungen zu einer Landarbeiterwohnung, die sie beschäftigen.

Schuster erkennt offenbar schon Ende 1938 oder spätestens Anfang 1939 die drohende Gefahr eines Krieges und empfiehlt seiner hochbegabten und viel gelobten Schülerin eine Reise nach Deutschland, damit sie diese Städte noch unzerstört besichtigen kann. Kottnig befolgt den Rat ihres Lehrers und reist unter anderem nach Stuttgart, wo sie sicherlich die Weißenhofsiedlung besichtigt, und nach Frankfurt am Main, wo sie mit Bestimmtheit auch den

Modell, Volksschule in einer Gartenstadt (Diplomarbeit), ohne konkrete Ortsangabe, 1943, Privatbesitz

„Schusterblock", ein Werk ihres Lehrers, in der Siedlung Römerstadt aus eigener Anschauung kennenlernt.

Wieder in Wien, erhält Eugenie Kottnig 1940 als Thema für ihre Diplomarbeit die Aufgabe, ein „Landhaus an einem Alpensee" zu entwerfen. Diese Arbeit wird am Ende des Studienjahres, im Juni 1940, mit dem Staatspreis ausgezeichnet.[3]

Nichtsdestotrotz studiert Kottnig weiter an der Kunstgewerbeschule in der von Franz Schuster neu gegründeten Meisterklasse für Wohn- und Siedlungsbau. Im November 1940 wird sie als Hilfskraft der Fachklasse für Architektur für fünfzehn Wochenstunden angestellt. Bereits im darauffolgenden Jahr wird sie Assistentin der Fachklasse für Architektur – Wohnungsbau und Raumgestaltung von Franz Schuster, eine Tätigkeit, die sie bis zu ihrem Weggang von der Schule am 30. September 1946 ausübt.

Von November 1941 bis April 1942 arbeitet Eugenie Kottnig an der Einrichtung des chemischen Laboratoriums der Prüf- und Versuchsabteilung 6C der Kraftfahrtechnischen Lehranstalt der Waffen-SS in der Maria-Theresien-Kaserne in Wien-Hietzing. Das Labor, das heute nicht mehr existiert, befindet sich in einem der acht Garagenbauten an der nordöstlichen, der Gloriette zugewandten Grenze des Kasernenareals.[4] Offenbar aus einer gewissen politischen Naivität oder Unbefangenheit heraus publiziert Eugenie Pippal-Kottnig die Laboreinrichtung zwölf Jahre nach ihrer Entstehung in der wichtigen Zeitschrift der Wiederaufbauzeit Der Bau.[5]

Im Jahr 1943 tritt der Maler Hans Robert Pippal in das Leben von Eugenie Kottnig. Pippal, der mehr als fünf Jahre älter als Kottnig ist, absolviert zunächst eine technische Lehre, hat aber das Berufsziel, Maler zu werden. Mit Unterstützung des Kunsthändlers Benno Moser und des Dichters Hans Kühn bildet er sich autodidaktisch zum Maler aus. Erst später, bereits als Wehrmachtssoldat, wird Pippal im Wintersemester 1942/43 in die Meisterschule für Malerei an der Akademie der bildenden Künste Wien bei Herbert Boeckl aufgenommen, kann aber das Studium in Wien nicht aufnehmen, da die dafür in Aussicht gestellte Beurlaubung von der Front aufgrund der Kriegsentwicklung nicht erfolgt. Durch einen Soldatenkameraden, den Architekten Franz Otto Böhm, der in derselben Klasse an der Kunstgewerbeschule studiert hat, kommt Pippal mit Kottnig in Verbindung, und es entwickelt sich eine Brieffreundschaft.

Im April 1943 sucht Eugenie Kottnig um die Zulassung ihrer Diplomarbeit mit dem Thema „Entwurfspläne zu einer 4klassigen Volksschule für eine Gartenstadt mit Bauzeichnungen und Modell" an. Am 30. Juni 1943 erhält sie ihr Diplom.

Nach einer schweren Kriegsverletzung Hans Robert Pippals im Mai 1943, als deren Folge ihm das linke Bein amputiert werden muss, wird er im Lazarett in Klagenfurt behandelt. Unweit davon dient Eugenie Kottnig im Sommer ihren verpflichtenden Landdienst auf einem Bauernhof ab und besucht ihren schwer verwundeten Brieffreund. Es ist, wie man zu sagen pflegt, „Liebe auf den ersten Blick" – nur wenige Monate später, am 23. Dezember 1943, heiraten die beiden in der Penzinger Pfarrkirche in Wien. Das junge Paar erhält eine Wohnung in der Dominikanerbastei 10 in Wien-Innere Stadt, die jedoch bei Luftangriffen im Herbst 1944 zerstört wird.

Nach dem Ende des Krieges in Wien im April 1945 erhalten Hans Robert Pippal und seine Frau in einer historistischen Villa in der Maxingstraße 46 in Wien-Hietzing eine neue Wohnung. In diesem Jahr tritt Eugenie Pippal-Kottnig der Zentralvereinigung der Architekten Österreichs bei.

Im Dezember 1945 zeichnet sich das Ende der Zusammenarbeit von Eugenie Pippal-Kottnig und Franz Schuster an der Kunstgewerbeschule (nun Hochschule für angewandte Kunst Wien) ab. Unter anderem ärgert sie sich darüber, dass Schuster sie – ihrer Ansicht nach – in seinem sogenannten

„Treppenbuch" (*Treppen aus Stein, Holz und Eisen*, Stuttgart 1943), für das sie zahlreiche Zeichnungen angefertigt hat, nicht ausreichend genannt und gewürdigt hat. Im Juni 1946 verlässt sie die Hochschule, an der sie fünf Jahre die Assistentenstelle bei Schuster innehatte.

Über Vermittlung ihres Mannes erhält sie 1947 den Auftrag, einige Illustrationen für das sogenannte *Österreich-Buch* zu schaffen, das vom Leiter des Pressebüros des Bundeskanzleramts, Ernst Marboe, herausgegeben wird. Die große Breitenwirksamkeit des *Österreich-Buchs*[6] verhilft sowohl Hans Robert Pippal als auch Eugenie Pippal-Kottnig zu einer Art von künstlerischem Durchbruch, wodurch zum Beispiel der jüdische Textilfabrikant Bernhard Altmann auf sie aufmerksam wird, was später zu einer Reihe von Folgeaufträgen führt.

Im Juli 1948 tritt Pippal-Kottnig als Architektin und Grafikerin der Berufsvereinigung der bildenden Künstler Österreichs bei.[7]

Ende der 1940er-Jahre und in den 1950er-Jahren nimmt sie an mehreren Wettbewerben für Bauaufgaben in Wien und in den Bundesländern teil: „Wiener Donaukanal" (1946),[8] „Knaben- und Mädchenhauptschule in Bregenz-Vorkloster (1949),[9] „Museum der Stadt Wien" (1953, zwei Alternativprojekte),[10] „Hochhaus für die Firma Franck und Kathreiner in Linz" (1957). Zusätzlich plant die Architektin 1954/55 ein Wohnhaus im Auftrag der Firma Franck und Kathreiner in der Schultestraße in Linz-Waldegg. Bei all den Projekten und Bauten dieser Zeit verbindet sie die Grundsätze der Architektur der internationalen Moderne mit urbanistischen Überlegungen, bei denen der Außenraum stets als Lebensraum aufgefasst wird.

Besonders hervorhebenswert erscheint ihre Beteiligung am Wettbewerb für die städtebauliche und architektonische Neugestaltung der Ufer des Donaukanals. Über die Findung von idealen Lösungen für die gestellten Aufgaben hinaus sollte ein Beitrag zur Schaffung einer neuen Identität für die ehemalige Reichshaupt- und Residenzstadt geleistet werden.[11] An dem Wettbewerb beteiligen sich 38 Architekt*innen. Das Projekt Eugenie Pippal-Kottnigs, das sie gemeinsam mit ihrem aus Bulgarien stammenden Studienkollegen Boris Christo Christoff eingereicht hat, erhält den fünften Preis.

Nach der Teilnahme an den Wettbewerben für die Neugestaltung der Donaukanalufer in Wien und den Bau der Schule in Bregenz ist die Beteiligung am Wettbewerb für das Museum der Stadt Wien im Jahr 1953 ihr drittes Projekt für einen großen Architekturwettbewerb dieser Zeit. Bemerkenswert daran ist, dass sie nicht nur der Neubau des Museums interessiert, sondern sie sich auch – konsequenterweise und richtigerweise – intensiv mit der Gestaltung des Karlsplatzes auseinandersetzt.

Im zweiten Halbjahr 1953 ist Pippal-Kottnig für wenige Monate an der Redaktion der wichtigen Architekturzeitschrift *Der Bau*[12] beteiligt. Sie legt diese Arbeit jedoch bereits im Oktober 1953 zurück, nachdem sie noch die ersten beiden Hefte für 1954 konzipiert hat.

Ab den frühen 1940er-Jahren bis in die 1960er-Jahre entwirft sie wiederholt Möbel und Einrichtungen für ihren Freundes- und Bekanntenkreis sowie für den eigenen Bedarf. So zum Beispiel einen Wohnschlafraum für Karl Peschta, eine Einrichtung für die Wohnung von E. Sahliger, eine Wohnzimmerecke für die Familie Alois Gottwald und Möbel für das Apartment von Bernhard Altmann in New York sowie die Möblierung der Halle im Bürogebäude der Firma Franck und Kathreiner in Linz, Europaplatz 4.

Neben den bereits genannten grafischen Arbeiten für das sogenannte „Treppenbuch" Franz Schusters und das *Österreich-Buch* Ernst Marboes, die beide realisiert werden, bleibt das große Buchprojekt über die „Entwicklung von Formen, vor allem im Bereich des Möbelbaus" unvollendet. Ebenso unpubliziert bleibt eine 1970/71 begonnene Studie zur Modernisierung des „Lindenhofs", einer Wohnhausanlage der Stadt Wien in Wien-Währing.

WETTBEWERB DONAUKANAL

BLICK AUF DAS DONAUKANALVIERTEL
VOM STUBENRING BIS MARIZATHORGASSE

Vogelperspektive, Wettbewerb städtebauliche und architektonische Neugestaltung der Ufer
des Donaukanals, Wien, gemeinsam mit Boris Christo Christoff, 1946, Privatbesitz

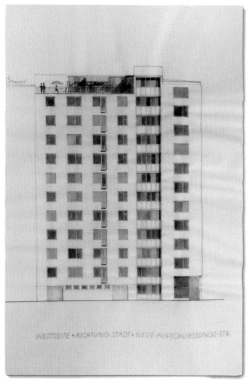

Ansicht, Wettbewerb Hochhaus Malzkaffee – Firma
Franck und Kathreiner, Semmelweisstraße, Linz,
1957, Privatbesitz

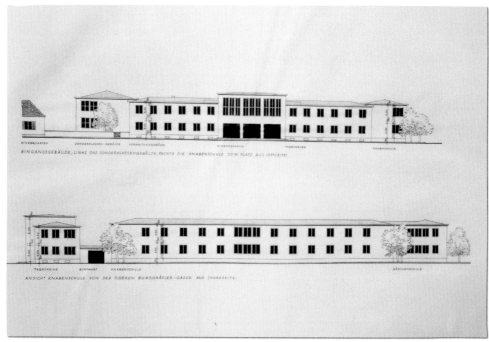

Ansicht, Wettbewerb Knaben- und Mädchenhauptschule Vorkloster Bregenz, Obere Burggräflergasse,
1949, Privatbesitz

sonswagen stehen auf federn
Stahlsockeln, das Fundament
unter reicht bis auf tragenden Gre
dadurch sollen Erschütterungen
Instrumente durch äußere Einfl
möglichst vermieden werden

Wohnblock der Wohnhausanlage der Gemeinde Wien „Schrödingerhof", Wien 10,
gemeinsam mit Paul Ehrenzweig, Rudolf Jarosch, Johannes (Hannes) Lintl,
Libuše Partyka, 1959–1963, Privatbesitz

WETTBEWERB DONAUKANAL

Bis 1955 nützt Pippal-Kottnig die Zeit für längere Aufenthalte in Schweden, den USA, Frankreich und kürzere in Dänemark, Norwegen, den Niederlanden, der Schweiz, Deutschland, Italien und Spanien, die sie jeweils gemeinsam mit ihrem Mann verbringt. 1955 schließt Hans Robert Pippal einen Mietvertrag für ein Dachatelier in der Alser Straße 35 in Wien-Josefstadt ab. Die Räumlichkeiten dienen dem Künstlerehepaar bis 1960 auch als Atelierwohnung, danach nur noch als Atelier.

Gemeinsam mit ihrer Freundin, der Architektin Libuše Partyka, entwirft Pippal-Kottnig 1956 im Auftrag der Gemeinde Wien die Verbauung einer Wohnhausanlage für die Parzelle in Wien-Landstraße, Rasumofskygasse 27. Da dieser Auftrag aber storniert wird, erhält sie zusammen mit einer Reihe anderer Kolleg*innen im März 1959 von der Gemeinde Wien einen Austauschauftrag für eine Verbauung in Wien-Favoriten, Gußriegelstraße 42–50 / Raxstraße 38 (damals Nothnagelplatz), den sie von 1959 bis 1963 ausführt.

Am 11. Mai 1957 wird dem Paar das einzige Kind, die Tochter Martina, geboren.

1958/59 mietet die Familie Pippal in dem neu erbauten Wohnhaus in der Hungerbergstraße 23 (vor Umnummerierung Nr. 21) in Wien-Döbling eine Wohnung an, wobei bereits während der Bauzeit beim Grundriss der Wohnung Pläne von Eugenie Pippal-Kottnig berücksichtigt werden. Sie entwirft auch sämtliche Einbaumöbel für die Wohnung.

Ab Mitte der 1950er-Jahre gelingt es der Architektin, nach und nach größere Bauaufträge zu erhalten. Daneben bewirbt sie sich, mit unterschiedlichem Erfolg, wiederholt bei öffentlichen Stellen um die unterschiedlichsten Aufträge.

Sie erhält den Planungsauftrag für einige der großen Wohnhausanlagen der Gemeinde Wien, die im Zuge des „Wirtschaftswunders" in den Außenbezirken in Zusammenarbeit mit einem Team von autonomen Architekt*innen entstehen, zum Beispiel 1962 bis 1966 für die Wohnhausanlage Anton-Schmid-Hof in Wien-Brigittenau, Jägerstraße 65–67 / Pappenheimgasse 27–31 (gemeinsam mit den Architekten Egon Fraundorfer, Rudolf Hönig und Robert Kotas) und 1968 bis 1973 für die Wohnhausanlage in Wien-Simmering, Thürnlhofstraße 20–25 (Pippal-Kottnig als Federführende).

In manchem ist Pippal-Kottnig ihrer Zeit voraus – zum Beispiel, wenn sie Mitte der 1970er-Jahre der Gemeinde Wien vorschlägt, die Wohnbauten des „Roten Wien" der Zwischenkriegszeit durch Pläne zu erfassen und kunsthistorisch aufzuarbeiten. Dieses Projekt wird jedoch, wie auch andere, wegen des Unverständnisses der zuständigen Magistratsabteilungen abgelehnt. Noch ist die Zeit dafür nicht reif.

Wiederholt arbeitet Eugenie Pippal-Kottnig an Projekten ihres Mannes mit. Jedoch bleibt stets in ihr der Wunsch wach, auch in ihrem eigenen Beruf tätig zu sein, weshalb sie immer wieder eigene Aufträge übernimmt. Sie plant daher beispielsweise 1971 bis 1975 respektive 1980 bis 1983 zwei Wohnhäuser der Gemeinde Wien in Wien-Meidling, Pohlgasse 52 / Gatterholzgasse 16 und Wien-Leopoldstadt, Weintraubengasse 6–10; Letzteres als Teil einer aus drei Häusern bestehenden Anlage, bei der die Architektinnen Libuše Partyka und Erika Peters für die Planung der Häuser Zirkusgasse 30 und Weintraubengasse 13 verantwortlich sind.

Im Juli 1998 erleidet Eugenie Pippal-Kottnig im Alter von 77 Jahren in ihrer Wohnung in der Hungerbergstraße einen Schlaganfall, an dessen Folgen sie am 21. Juli im Spital stirbt. Nicht einmal vier Monate später, am 6. November 1998, stirbt ihr Mann Hans Robert Pippal an den Folgen eines Aortarisses im Allgemeinen Krankenhaus in Wien.

Eugenie Pippal-Kottnigs architektonisches Werk steht in der Tradition einer Lehrer*innen-Schüler*innen-Kette, die von Heinrich Tessenow über Franz

Einrichtung Wohnung Familie Hans Robert Pippal, Wien 19, Hungerbergstraße, Blick
in das Wohnzimmer, 1956–1960, Privatbesitz

Schuster – und Margarete Schütte-Lihotzky – zu ihr reicht. Der ziemlich offen zutage tretende Klassizismus Tessenows ist in den Bauten seiner „architektonischen Enkelin" Eugenie Pippal-Kottnig nicht auszumachen. Die wesentlich wichtigeren Parameter seiner Architektur, soziale Verantwortung des Architekten und maximale Vereinfachung, sind jedoch in Pippal-Kottnigs Werken deutlich vorhanden. In der größtmöglichen Reduktion und Zweckmäßigkeit sieht Tessenow die Möglichkeit einer Typisierung und industriellen Fertigung von Wohnbauten und damit verbunden die Lösung des Wohnungsproblems; seiner Forderung nach Schlichtheit, Zweckmäßigkeit, Standardisierung und Typisierung folgt auch noch Pippal-Kottnig als Mitglied der „Enkelgeneration". Die für Wien errichteten kommunalen sozialen Wohnbauten Eugenie Pippal-Kottnigs sind wohl innerhalb ihres künstlerischen Gesamtschaffens ihr größter und bedeutsamster Beitrag zur Wiener Architektur in den letzten vierzig Jahren des 20. Jahrhunderts.

1   Der hier vorliegende Aufsatz basiert im
    Wesentlichen auf der Auswertung der Unterla-
    gen des künstlerischen Nachlasses von Eugenie
    Pippal-Kottnig, den ihre Tochter, Martina
    Pippal, jahrzehntelang sorgsam aufbewahrte
    und 2016 dem Wien Museum schenkte. Siehe
    auch Martina Pippal, Pippal-Kottnig, Eugenie,
    in: Brigitta Keintzel, Ilse Korotin (Hrsg.),
    Wissenschafterinnen in und aus Österreich.
    Leben – Werk – Wirken, Wien u. a. 2002,
    S. 295 f. Eine umfangreiche Werkmonografie über
    die Architektin ist in Vorbereitung.
2   Otto Kapfinger, Matthias Boeckl, Vom Interieur
    zum Städtebau. Architektur am Stubenring
    1918–90, in: Hochschule für angewandte Kunst in
    Wien (Hrsg.), Kunst. Anspruch und Gegenstand.
    Von der Kunstgewerbeschule zur Hochschule für
    angewandte Kunst in Wien 1918–1991, Salzburg/
    Wien 1991, S. 97–125.
3   O. A., Staatspreis für eine Villa am See. Die
    19jährige Eugenie Kottnig erzählt von ihren
    Arbeiten, in: Kleine Volks-Zeitung, 10.7.1940,
    S. 8.
4   Ado Stelzl, Vom Kraftwagen-Schnittmodell bis zur
    Staubkammer. In der Kraftfahrtechnischen Lehran-
    stalt der Waffen-SS, in: Neues Wiener Tagblatt,
    3.3.1943, S. 5.
5   Eugenie Pippal-Kottnig, Laboratoriums-Möbel, in:
    Der Bau, Heft 9/10, 1953, S. 214 f.
6   Ernst Marboe (Hrsg.), Das Österreich-Buch,
    Wien 1948.
7   Siehe Sabine Plakolm-Forsthuber, „ZV-Frauen
    bauen mit!" Wege und Irrwege der ersten
    Architektinnen in der ZV (1925–1959), in:
    Ingrid Holzschuh, Zentralvereinigung der
    ArchitektInnen Österreichs (Hrsg.), BauKultur
    in Wien 1938–1959. Das Archiv der
    Zentralvereinigung der ArchitektInnen
    Österreichs (ZV), Basel 2019, S. 48–61,
    hier S. 53.
8   Siehe auch Jan Tabor, Vera Purtscher, Wettbewerb
    Donaukanal 1946, in: Historisches Museum der
    Stadt Wien (Hrsg.), Das ungebaute Wien 1800 bis
    2000. Projekte für die Metropole, Katalog der
    256. Sonderausstellung des Historischen Museums
    der Stadt Wien, Wien 1999, S. 384.
9   Der Wettbewerb wird von Otto Gruber und Ernst
    Hiesmayr gewonnen, nach deren Plänen der Bau
    auch ausgeführt wird.
10 Renata Kassal-Mikula, Wettbewerb Historisches
    Museum der Stadt Wien 1953, in: Historisches
    Museum der Stadt Wien, Das ungebaute Wien, 1999,
    S. 437, Kat.-Nr. 11.55 und 11.56.
11 Im Fokus befanden sich damals zum Beispiel
    folgende Objekte: Gänsehäufel, Donaukanal,
    Historisches Museum der Stadt Wien, Stadthalle.
12 Die Zeitschrift der Zentralvereinigung der Ar-
    chitekten *Der Bau* wurde 1946 gegründet. Bis 1965
    wird sie von Stephan Simony redigiert. Ab diesem
    Jahr löst ein neues Vereinsorgan, kurz „Bau"
    genannt, das Magazin ab. Die erste Redaktion
    besteht aus Sokratis Dimitriou, Günther Feuer-
    stein, Hans Hollein und Gustav Peichl.

DIE WOHNUNG DER FOTOGRAFIN PFLAUM

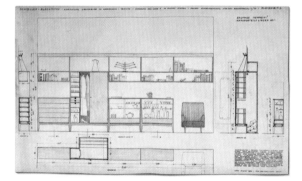

Anna-Lülja Praun beim Arbeiten am Zeichentisch,
1930er-Jahre, MAK – Museum für angewandte
Kunst, Wien

Anna-Lülja Praun
1906–2004

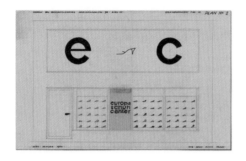

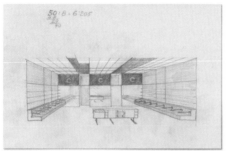

Text von Judith Eiblmayr

ndel

G. L. Praun.

Fragebogen 6115/460

für die Aufnahme in die „Berufsvereinigung der bildenden Künstler Österreichs"
(Kammer der bildenden Künstler)

(Bitte deutlich schreiben)

1. Vor- und Zuname des Aufnahmewerbers ANNA PRAUN

2. Berufsbezeichnung (bzw. künstlerische Tätigkeit), Titel DIPL. ING. ARCHITEKT

3. Wohnort, Straße und Hausnummer WIEN 8. LANGEGASSE 74 (OZEIT KINDBERG STEIERMARK)

4. Arbeitsstätte, Ort, Straße

5. Fernsprecher, Ort, Nr.

6. Geburtsort und -Land ST. PETERSBURG. RUSSLAND 6.a) Geb.-Tag, Monat, Jahr 29. V. 1906

7. Staatszugehörigkeit ÖSTERREICHISCHE   7.a) Religion GRIECH. ORTHODOX

8. Sind Sie Mitglied der NSDAP, wenn ja, seit wann und unter welcher Nr.? NEIN

9. Welchen weltanschaulichen, beruflichen, gesellschaftlichen Vereinigungen, Logen, Künstlerverbänden oder studentischen Verbindungen gehören Sie an oder haben Sie angehört?

MIETGLIED DER ÖSTERREICHISCHEN KULTURVEREINIGUNG. WIEN
„   „   SEZESSION . GRAZ.

10. Haben Sie die Befugnis eines Architekten nach den Bestimmungen der österreichischen Gesetze?

11. Sind Sie Mitglied der Fachsektion der Architekten der österreichischen Ingenieurkammer?

12. Sind Sie ledig, verheiratet, verwitwet oder geschieden? VERHEIRATET

13. Vor- und Zuname des Ehepartners DIPL. ING. RICHARD PRAUN
(bei weiblichen auch Mädchenname)

14. Wieviel Kinder haben Sie? EIN   wieviel davon minderjährig? EIN

15. Welche Tätigkeit üben Sie hauptberuflich aus? ARCHITEKTUR

16. Seit wann sind Sie als bildender Künstler tätig? seit 1939

17. Gehören Sie bereits einer anderen berufsständigen Organisation an? Nein

18. Wie üben Sie Ihre künstlerische Tätigkeit aus? a) selbständig   b) in einem Arbeitsverhältnis (seit wann und bei wem?) SEIT 1942. IV BEI MEINEM MANN

c) als Firma: (genaue Angabe über die Rechtsform) DIPL. ING. ARCHITEKT

RICHARD PRAUN

Fragebogen für die Aufnahme in die Berufsvereinigung der bildenden Künstler
Österreichs vom 10.4.1946, Archiv ZV, Mitgliedsakt Anna-Lülja Praun

Anna-Lülja Simidoff wurde 1906 in St. Petersburg geboren, ihre Schwester Natascha war zwei Jahre jünger. Die Eltern, die sich im Exil in der Schweiz kennengelernt hatten, zogen 1909 nach Sofia, wo die russische Mutter, Alexandra Baranoff, eine Praxis als Gynäkologin eröffnete und der Vater, Boris Simidoff, er war Bulgare, als Anwalt arbeitete. Es war ein außergewöhnlich offenes, intellektuelles Elternhaus, in dem Anna-Lülja aufwuchs, das ihre Kreativität sehr früh erkannte und sie in ihrem Wunsch unterstützte, Architektin zu werden. Die Wahl des Studienortes seitens der Eltern fiel auf Graz, das in den 1920er-Jahren für viele Bulgar*innen ein attraktiver Ort zum Studieren war.

1924 inskribierte Anna-Lülja Simidoff Architektur – als einzige Frau nicht nur an der Fakultät, sondern an der gesamten Technischen Hochschule Graz. Graz war prinzipiell zu jener Zeit sehr progressiv, das kulturelle Leben der Steiermark war getragen von „einem hohen Maß an künstlerischem Potential, das […] fast alle Bereiche erfaßte"[1] und durch eine Reihe von Kunst- und Künstlervereinigungen in der Öffentlichkeit repräsentiert wurde. „Die neuen Vereinsgründungen Anfang der Zwanzigerjahre gingen hauptsächlich auf Initiativen der jüngeren Künstler zurück, die moderne künstlerische Vorstellungen, mit denen sie vorwiegend während ihres Studienaufenthaltes im Ausland konfrontiert worden waren, auch in der Steiermark verwirklichen wollten."[2]

Vor allem der Steiermärkische Werkbund, der sich, 1923 gegründet, des steirischen Kunstgewerbes fördernd annehmen wollte, und die Sezession Graz, die, ebenfalls 1923, aus dem Steiermärkischen Kunstverein abgespalten wurde, waren starke Impulsgeber für eine eigenständige Grazer Avantgarde. Im Werkbund, wo neben Künstler*innen und Kunstfreund*innen auch Vertreter*innen der prosperierenden steirischen Stahlindustrie und der verarbeitenden Firmen Mitglied waren, wurden eine moderne Formensprache der Produkte und die Teilnahme an internationalen Ausstellungen wie der Kunstgewerbeausstellung in Paris 1925 angestrebt. In der Sezessionsbewegung fanden sich Anfang der 1930er-Jahre die wichtigsten Künstler*innen und Architekt*innen der Grazer Avantgarde. Für Anna-Lülja Simidoff war dieses Umfeld prägend: Nicht nur war ihr Professor an der Technischen Hochschule Graz, Friedrich Zotter, Mitglied der Grazer Sezession, auch ihr engster Freundeskreis bestand aus Sezessionist*innen, einer Gruppe engagierter politisch links stehender Intellektueller, die sich der Organisation von Ausstellungen und „unvergesslicher Feste" widmete und „hitzige Diskussionen um Kunst und Politik"[3] führte. Neben ihrem damaligen Lebensgefährten Herbert Eichholzer, dem relevantesten Vertreter der Grazer modernen Architektur,[4] waren dies unter anderen die Maler Alfred Wickenburg und Axl Leskoschek und der Bildhauer Walter Ritter.

Anna-Lülja Simidoff arbeitete als Studentin mit Eichholzer zusammen, als gemeinsame Werke gelten die Wohnungseinrichtungen Kastner (1936) und Kitzinger (1937), die Entwürfe für die Typenmöbel „Joanneum" (1936)[5] und der Entwurf für ein Restaurant auf der Ries in Graz (1936). Mit der Machtergreifung durch die Nationalsozialisten im Jahr 1938 wurden alle Kunstvereine zwangsweise aufgelöst, die vom Regime geächteten Künstler*innen, darunter auch Eichholzer, Wickenburg, Leskoschek und Ritter, wurden vertrieben. Herbert Eichholzer wurde wegen seiner aktiven Tätigkeit im Widerstand 1941 inhaftiert, zum Tode verurteilt und 1943 hingerichtet. Anna-Lülja Simidoff hatte sich nie politisch betätigt und meinte später, dass Eichholzers zunehmende Politisierung auch der Trennungsgrund gewesen sei. Sie selbst konzentrierte sich auf die Architektur und ging 1937 nach Wien, um im Büro von Clemens Holzmeister zu arbeiten.[6]

Am 5. Juli 1939 absolvierte sie die zweite Staatsprüfung an der Technischen Hochschule Graz und kehrte nach Beendigung des Studiums kriegsbedingt nach Sofia zurück, wo sie am Wasserverkehrsamt Arbeit fand. 1942, mitten im Zweiten Weltkrieg, ging sie wieder nach Wien und heiratete ihren

Kollegen Richard Praun. Nach der Geburt der Tochter Svila lebte sie im und nach dem Krieg einige Jahre in der Nähe von Kapfenberg. Am 10. April 1946 stellte sie den Antrag zur Aufnahme in die Berufsvereinigung der bildenden Künstler Österreichs (BV), der im Herbst aufgrund ihres Wohnungswechsels nach Wien an die Zentralvereinigung der Architekten Österreichs (ZV), die Vertretung der Architekt*innen in der BV, übermittelt wurde. Diese bestätigte mit einem Schreiben vom 25. September 1946 ihre ZV-Mitgliedschaft, die sie bis 1980 innehatte.[7] Wieder zurück in Wien, arbeitete sie kurz mit Richard Praun zusammen, ab 1952 und nach der Scheidung von ihm hatte sie ihr eigenes Atelier. Ihr erster großer Auftrag kam von der Firma Schoeller-Bleckmann in Mürzzuschlag, für die sie die Inneneinrichtung der Firmenräumlichkeiten entwarf.

Von 1953 bis 1958 war sie als Architektin im Einrichtungshaus „Haus und Garten", das 1925 von Josef Frank gemeinsam mit Oskar Wlach gegründet worden war, tätig – diese Zeit, auf die ich später noch eingehen werde, prägte ihren persönlichen Stil.[8]

Ein wichtiger Bezugspunkt im Leben von Anna-Lülja Praun war Paris, wo ihre jüngere Schwester Natascha Ferrand, zu der sie ein sehr inniges Verhältnis hatte, nach ihrem Medizinstudium geblieben war und als praktische Ärztin arbeitete. Auch in Paris pflegte Anna-Lülja Praun Kontakte zur Kunst- und Kulturszene; eine ihrer Freundinnen war Dora Vallier, zufälligerweise die Tochter von Prauns Volksschullehrerin in Bulgarien und von ihr selbst als „die Doyenne der Kunstkritik in Paris" bezeichnet. Vallier schrieb für die von Christian Zervos herausgegebene und auf Erstveröffentlichungen von Kunstwerken spezialisierte Kunstzeitschrift Cahiers d'art und führte Interviews mit den wichtigsten zeitgenössischen Künstler*innen wie Wassily Kandinsky oder Pablo Picasso. Anna-Lülja Praun erzählte, dass sie 1956 Christian Zervos bei einem Besuch bei Kandinskys Witwe Nina begleitet und von dieser zwar nicht wie erhofft eine Zeichnung, jedoch ein Porträtfoto von Wassily Kandinsky erhalten hatte. Später schenkte ihr Zervos ein Kandinsky-Original aus seiner eigenen Sammlung. Das Kunstwerk mit dem applizierten Foto des Künstlers hing bis zu ihrem Lebensende in ihrer Wohnung.

Die wohl prominenteste Bekanntschaft, die Anna-Lülja Praun in Paris machte, war jene mit Eileen Gray; ihre Schwester Natascha hatte Eileen Grey als Patientin in ihrer Nachbarschaft kennengelernt und sich im Laufe der Zeit mit ihr angefreundet. In weiterer Folge machte Natascha Anna-Lülja mit Eileen Gray bekannt, zu einer Zeit, als diese bereits hochbetagt war und der internationale Ruhm, der ihren Möbeln und Bauten vor dem Zweiten Weltkrieg beschieden gewesen war, verblasste.[9] Anna-Lülja Praun war nie eine erklärte Feministin, aber sie wusste um die Bedeutung des Werks dieser Frau, das in den 1960er-Jahren im Schatten von Le Corbusier in Vergessenheit zu geraten drohte. Sie machte sich daran, eine Ausstellung in Wien zu organisieren, eine Initiative, mit der Anna-Lülja Praun als Kuratorin internationale Architekturgeschichte geschrieben hat. Die Werkschau von Eileen Gray 1970 in der „Akademie für angewandte Kunst" (sic!)[10] war Grays erste Einzelausstellung überhaupt, sie war damals 92 Jahre alt.[11] Selbst in England, wo die Irin ihr Kunststudium begonnen hatte, wurden ihre Architektur und ihre Möbel erstmalig 1972 präsentiert.[12]

Anna-Lülja Prauns Zuhause privat wie beruflich wurde Wien und blieb es auch. Sie hatte die Atelierräumlichkeiten von Ernst Plischke übernommen und war Teil der Wiener Architekten- und Künstlerszene, was wesentlichen Einfluss auf ihre Arbeit hatte. Von Anna-Lülja Praun stammt übrigens die legendäre Namensgebung „Dreiviertler" für den verbliebenen Rest der Arbeitsgruppe 4.[13] Freund*innen und Bekannte wurden Bauherr*innen, Auftraggeber*innen wurden Freund*innen, und viele dieser Beziehungen waren an ihrer Kunstsammlung abzulesen, die Werke von Franz Josef Altenburg, Gudrun Baudisch, Wander

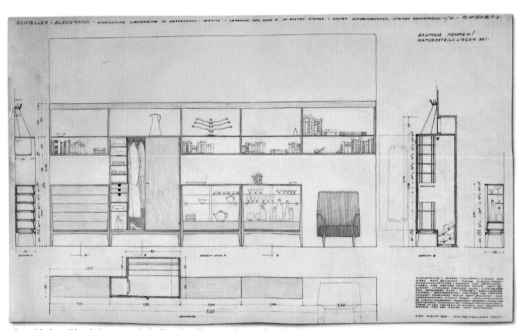

Detailplan Einrichtungsmöbel für das Herrenzimmer in den Gästeräumen des Herrenhauses in Ternitz der Familie Schoeller-Bleckmann, 1952, MAK – Museum für angewandte Kunst, Wien

DIE WOHNUNG DER FOTOGRAFIN PFLAUM

Das stets reizvolle Thema der Einraumwohnung erhielt durch die Aufgabe, einige vorhandene alte Bauernmöbel dabei zu verwenden, eine besonders reizvolle Note. Natürlich hat auch hier — wie immer, wenn eine geschmackvolle Hand am Werk ist — das Nebeneinander von Alt und Neu eine angenehm bewegte, gemütliche Atmosphäre erzeugt. Mit viel Vergnügen zeigen wir das Bild eines Sessels, dessen Qualität sich dadurch erweist, daß er zu dem auf dieser Seite gezeigten modernen Tisch — der nicht in der Wohnung Pflaum steht — genau so gut paßt wie zum alten Bauernkasten. Gut paßt immer zu Gut. Da mittelmäßig kopierte Barockmöbel aber so schlecht sind wie eine ungeschickte Lüge, passen sie nie zu einer guten neuen Wohnung.

Einrichtung, Wohnung der Fotografin Barbara Pflaum, Wien, 1956, in: *Der Bau*, Heft 2, 1957

63 Arch. Anna Praun, Tisch, in
zwei Höhen zu verstellen, Nuß-
holzplatte mit Eisenrohrgestell
66, 67 Besonders leichter Nuß-
holzsessel mit Peddigrohr ein-
geflochten

64 (links) Arch. Anna Praun,
Möblierungsgrundriß der Miet-
wohnung

65 (links) Moderne Sitzmöbel
vertragen sich sehr gut mit dem
alten Bauerntisch

68, 69 Eine Bücherwand bildet
die lockere Trennung von Schlaf-
und Wohnplatz

79

Bertoni, Maria Biljan-Bilger, Wilhelm Holzbauer, Clemens Holzmeister, György Ligeti, Clarisse Praun, Fritz Wotruba u. a. umfasste.

Bei all der multikulturellen Prägung und trotz ihres bis vor dem Zweiten Weltkrieg eingeschränkten Wien-Bezugs entwickelte sich ihre eigene Möbelbaukunst sehr stark in der Tradition des „Wiener Möbels". Beeinflusst war sie dabei sicherlich von Richard Praun, der einer Großtischlerei entstammte und ihr direkten und unkomplizierten Einblick in einen Betrieb und die Kunstfertigkeit von Handwerkern ermöglicht hatte, aber ebenso durch Josef Franks in der Zwischenkriegszeit populär gewordene Auffassung einer modernen Wohnkultur. Ob sie das spezifische Interesse daran zu einer Mitarbeit bei „Haus und Garten" bewogen hatte oder ob sie erst durch die Tätigkeit im Einrichtungshaus dahingehend geprägt wurde, ist kaum zu entscheiden.

Was war aber nun das speziell wienerische Element dieser Neuinterpretation der Wohnbedürfnisse? Der Architekturkritiker Max Eisler schrieb dazu 1934: „Der Rationalismus der Welt von heute, Disziplin und Typisierung bei der Arbeit, sie werden in Wien nicht schlechtweg verleugnet. Aber in der heiteren Atmosphäre der Stadt verlieren sie ihre doktrinäre, mürrische Härte, treten zurück in ihr gerechtes Maß und empfangen das, was sie erst vollkommen und für die Menschen angenehm oder gar beglückend macht: ein intim beschwingtes Wesen. Denn die Wiener Möbelarbeit ist das genaue Gegenteil von Formenstarre; genährt von einer immer regen, zielkundig beherrschten Phantasie, erzeugt sie eine außerordentliche Mannigfaltigkeit der Formen. Sie lebt von der Variante."[14]

Einer der Ersten, die diese „neuen Wege in der Wohnraumeinrichtung"[15] beschritten hatten, war der Architekt Oskar Strnad, der auch als viel beschäftigter Bühnenbildner und als charismatischer Lehrer an der Kunstgewerbeschule in Wien Berühmtheit erlangte und der einer emotionalen Architekturauffassung das Wort redete: „Aufgabe des Raumbildners ist es, das Ding zum Organismus zu steigern und alle diese Organismen, die sich in der Wohnung um den Menschen gruppieren, zur Harmonie zu vereinen, denn es sind nicht tote Dinge, mit denen ein Mensch lebt, sondern Erfüllungen seiner Sehnsucht. [...] Wir sollen nicht praktisch wohnen, wir sollen mit Freude wohnen, wir sollen mit den Dingen in der Wohnung verbunden sein. Die Wohnung muß sich dem Charakter des Bewohners angleichen, und das ist die einzige Aufgabe des Architekten."[16]

Neben anderen wie Jacques Groag, Ernst Lichtblau, Ernst Plischke, Walter Sobotka, Oskar Wlach oder Liane Zimbler war es vor allem Josef Frank gewesen, der die Programmatik eines „neuen Wiener Möbels" und seine lebensgerechte Verwendung vehement vertrat. Durch die Gründung eines eigenen Einrichtungshauses hatte er sich auch um eine kommerzielle Nutzung bemüht.

Auf Strnad und Frank wird hier ausführlicher Bezug genommen, um jenen theoretischen Hintergrund darzustellen, vor dem auch Anna-Lülja Prauns Werk entstand. Die Formulierung einer eigenen Theorie hatte sie nie für wichtig erachtet, ihre Lehre in Form eines komplexen Privatissimums für ihre Mitarbeiter*innen bestand jedoch nebst Werkstättenbesuchen darin, auf die praktischen Vorzüge von Strnad- und Frank-Sesseln, die selbstverständliche Bestandteile ihrer eigenen Einrichtung waren, zu verweisen wie ganz generell die Wichtigkeit der Auffassung der beiden Architekten zu verdeutlichen. Anna-Lülja Praun verschriftlichte ihre Lehr- und Leitsätze nicht und hielt auch keine Vorträge, sondern vermittelte gekonnt in einer Skizze all die formalen Kriterien, die ihr wichtig waren. Ihre zeichnerische Begabung war außergewöhnlich, sie konnte im Kleinen Objekte wie Beschläge in ihrer haptischen Eleganz ebenso darstellen wie im Großen ganze Landschaften mit der jeweiligen Wetterstimmung. Ihre Skizzenbücher sind Meisterwerke der Zeichenkunst und Repräsentanten ihrer räumlichen Vorstellungskraft.[17]

WINTERGARTEN IN DER WIENER HOFBURG

Arch. Richard Praun

352, 353   Arch. Anna Praun,
Stühle für den Wintergarten aus
Eisenrohrgestell mit Bondotrohrein-
flechtung
354, 355 Aufgang zur Galerie und
Barpult. Plastische Wand von Bild-
hauer Tiefenthaler

Zwischen dem alten, ungemein festlich wirkenden Zeremoniensaal der alten Hofburg mit den glitzernden Lustern, in dem die Kaiser Empfänge gaben, und dem großen Festsaal der neuen Hofburg, an der sogenannten „Nase", wie die Wiener im vorigen Jahrhundert den vor den Leopoldinischen Trakt springenden Zeremoniensaal nannten, befindet sich ein großer Raum, der erst dieses Jahr anläßlich der Tagung der internationalen Atomkommission ausgebaut und vollendet wurde.

Die glatte Decke ist in hellem Kobaltblau gehalten mit

Sessel für die Einrichtung des Wintergartens in der Hofburg, Wien 1, 1960, in: *Der Bau*, Heft 1, 1960

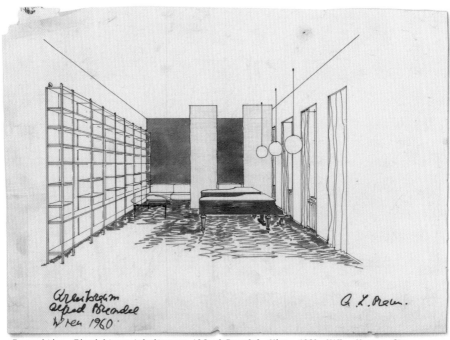

Perspektive, Einrichtung Arbeitsraum Alfred Brendel, Wien, 1960, MAK — Museum für angewandte Kunst, Wien

Bibliothek, Wohnung des Dirigenten Meinhard Zallinger, München, 1956, in: *Der Bau*, Heft 2, 1958

352, 353   Arch. Anna Praun,

Anna-Lülja Praun war nicht nur in der Darstellung eine Praktikerin, sondern auch bei der Herstellung der von ihr entworfenen Bauten und Objekte. Sie hatte ein persönliches, diskursives Verhältnis zu „ihren" Handwerkern und feilte mit ihnen gemeinsam gestalterisch so lange herum, bis ein formvollendetes Produkt entstanden war. Materialkundigkeit der Architekt*innen ist die eine Sache, die Kunstfertigkeit des jeweiligen Handwerkers war für Anna-Lülja Praun die andere, um die Qualitäten der unterschiedlichen Materialien in einem Möbelstück richtig zur Geltung bringen zu können – das Wahrhaftige war ihr wichtiger als hehre Theorie. Ein wesentlicher Aspekt ihres Erfolgs war die Empathie für ihre Auftraggeber*innen, handelte es sich bei ihren Entwürfen doch fast ausschließlich um private Direktaufträge, die auch finanziellen Aufwand bedeuteten. In Prauns realisierten Architekturprojekten wie Wohnungs- und Geschäftseinrichtungen war immer der kooperative Ansatz des „Sich-aufeinander-Einlassens" spürbar. Ihr im Stil unverkennbares Maßmobiliar stand – ganz im Sinne von Strnad und Frank – mit unaufdringlichem Selbstverständnis neben den persönlichen Möbeln und Alltagsgegenständen der Auftraggeber*innen. Sie schaffte es trotz ihrer geschmackvoll prägenden gestalterischen Eingriffe, eine Qualität an Freiraum für die Bewohner*innen zu erzeugen, in dem diese ihre eigenen Stilvorstellungen entfalten konnten. Das Zusammenspiel dieser zwei Komponenten ergab die Praun'sche Raumkunst, wie sie in ihren umfangreichsten Werken in unnachahmlicher Weise spürbar war: dem Haus Tscholakoff in Wien (1976), dem Haus Ligeti in Wien (1980), dem Haus Sailer in Salzburg (1981) und dem Doppelhaus Mas de l'Hoste für Wolfgang Denzel in Arles (1984–1991). Der Beweis für das Vertrauen in ihre Gestaltungskompetenz war die Kontinuität ihrer Bauherrenbeziehungen, die bei den Genannten über mehrere Jahrzehnte währte.

„Das Geheimnis von Anna-Lülja Prauns Raumgestaltungen und Gegenständen liegt in einer aus Lebenserfahrung und Handwerkskunst destillierten Modernität, die der Zeit und dem Geist, aber keinem ‚Zeitgeist' verpflichtet ist; liegt in einer Schlichtheit, die sich nie zum Purismus verselbständigte; liegt in einem ausgeklügelten Funktionieren, das sich von der plakativen Formelhaftigkeit des Funktionalismus unterscheidet; und in einem künstlerischen Esprit, der Eleganz und Behaglichkeit ins Gleichgewicht bringt."[18]

Das Gelingen der diffizilen Aufgabe, das persönliche Umfeld von Menschen zu gestalten, hängt primär vom Einfühlungsvermögen der Architekt*innen ab und von deren verinnerlichtem Wissen um scheinbar banale Alltagsabläufe. Gleich wichtig ist die Akzeptanz durch die Bauherrschaft, das heißt, es ist in hohem Maße Beziehungsarbeit zu leisten, um zu einem für beide Seiten befriedigenden Ergebnis zu gelangen. Voraussetzung dafür ist ein dementsprechend hohes Niveau der Auftraggeber*innen, ein Umstand, über den sich Anna-Lülja Praun bei ihrer Klientel nicht beschweren konnte. Welche*r Architekt*in kann schon auf so außergewöhnliche Bauaufgaben wie den Arbeitsraum für den Pianisten Alfred Brendel (1960), die Bootseinrichtung für den Unternehmer Wolfgang Denzel (1969), eine Schmuckbox für die bildende Künstlerin Clarisse Praun oder ein Pult für den Komponisten György Ligeti (1980) verweisen? „Ihr Komponierpult ist ästhetisch und funktionell ein Meisterwerk", schrieb dieser. „Ich konnte dadurch bessere Klavieretüden schreiben, als ich sonst geschrieben hätte. […] Sie will mir nicht glauben, daß ich sie für ein Genie halte."[19]

Weniger wichtig schien ihr die formale Zugehörigkeit zur Architektenschaft: Obwohl ihr auf ihr Ansuchen hin im Jahr 1959 die Ziviltechnikerprüfung erlassen und ihr von der Ingenieurkammer für Wien, Niederösterreich und Burgenland die Befugnis als Architektin verliehen worden wäre, bemühte sie sich schlussendlich nicht, fehlende Unterlagen nachzureichen. Im August 1961 wurde ihr Antrag daher abgewiesen.[20] Womöglich dachte sie, dass sie in Kenntnis der Charaktere mächtiger männlicher Kollegen wie zum Beispiel Clemens

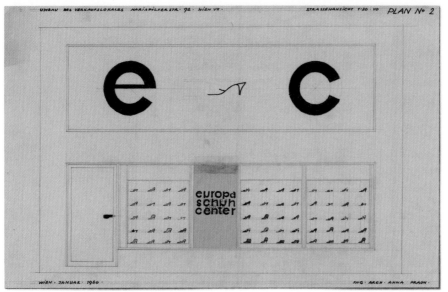

Straßenansicht, Umbau Verkaufslokal europa schuh center, Wien 7, 1960, MAK – Museum für angewandte Kunst, Wien

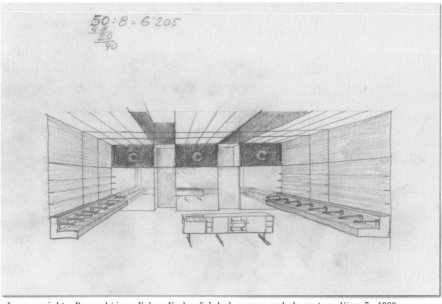

Innenansicht, Perspektive, Umbau Verkaufslokal europa schuh center, Wien 7, 1960, MAK – Museum für angewandte Kunst, Wien

Holzmeister keine großen Aufträge erhalten und ihr die offizielle Befugnis nichts bringen würde. Dies wäre eine typische Denkweise dieser Generation von Frauen im Bauwesen, die sich selbst zurücknahm, um keine Enttäuschungen zu erleben. Und es war eine subtile Zuschreibung der vorwiegend männlichen Architektenschaft, dass die Frauen bei den kleinen Bauaufgaben besser zu tun hätten und sich um das harte Architekturgeschäft nicht zu bemühen brauchten. Tatsache ist, dass Anna-Lülja Prauns Entwürfe für Mobiliar im großen Maßstab auch als Hochhausarchitektur funktioniert hätten.[21]

Prauns Gestaltungswille mit der Kraft ihrer Darstellung hätte jede groß dimensionierte Bauaufgabe mit Verve bewältigt und auch im internationalen Kontext großartige Architektur beschert. Es blieb bei der kleineren Dimension – Möbel, für deren Planung sie bis fast an ihr Lebensende beauftragt wurde. Ihr letztes Werk, kreiert und gezeichnet im Alter von 95 Jahren, war ein Schrank mit gerundeten Ecken und mit gelbem Leder tapeziert, der zu einem Sinnbild der Strahlkraft ihrer Architektur wurde. Anna-Lülja Praun war eine wichtige Frau der österreichischen und eine Integrationsfigur der Wiener Architekturszene, die auch im hohen Alter nicht müde wurde, ihr Leben mit Kreativität zu füllen.

1 Gertrude Celedin, Einleitung, in: Stadtmuseum
 Graz (Hrsg.), Indianer – Kunst der Zwischenkriegszeit in Graz, Ausstellungskatalog Stadtmuseum Graz, Graz 1988 , o. S.

2 Margit Fritz-Schafschetzy, Die steirischen
 Kunst- und Künstlervereinigungen in der
 Zwischenkriegszeit, in: ibid., o. S.

3 Günter Eisenhut, Eichholzer. Sezession Graz, in:
 Heimo Halbrainer (Hrsg.), Herbert Eichholzer
 1903–1943 – Architektur und Widerstand, Ausstellungskatalog LABOR, Graz, Graz 1998, S. 106.

4 Dietrich Ecker, Die Moderne Architektur der
 zwanziger und dreißiger Jahre in Graz, in:
 Stadtmuseum Graz, Indianer, 1988, o. S.

5 Erika Thümmel, Die Möbel Eichholzers, in: Halbrainer, Eichholzer, 1998, S. 56.

6 Mit Clemens Holzmeister blieb sie ein Leben
 lang befreundet.

7 ZV-Archiv, Mitgliedsakt Anna-Lülja Praun, Fragebogen vom 10.4.1946, Schreiben der BV Steiermark
 vom 7.9.1946, der ZV in Wien vom 25.9.1946 sowie
 die Kündigung der Mitgliedschaft von Anna-Lülja
 Praun vom 18.3.1980.

8 Josef Frank selbst hat sie nie persönlich kennengelernt, da dieser nach seiner 1933 erfolgten
 Emigration nach Schweden kaum noch nach Wien
 zurückgekehrt ist.

9 Peter Adam, Eileen Gray: Architect/Designer,
 New York 1987, S. 361.

10 Diese Schreibweise findet sich auf dem Original-
 plakat und stammte wahrscheinlich von Anna-Lülja
 Praun selbst. Siehe Judith Eiblmayr, Lisa
 Fischer, Möbel in Balance, Ausstellungskatalog
 Haus Wittgenstein, Wien, Salzburg 2001, S. 63.

11 Eileen Gray bedankte sich bei Anna-Lülja Praun
 aufrichtig in einem Brief vom 6.8.1971.

12 Ibid., S. 63.

13 Wilhelm Holzbauer, Friedrich Kurrent und
 Johannes Spalt nach dem Abgang von
 Otto Leitner 1953.

14 Max Eisler, Das Wiener Möbel gestern und
 heute, in: Wiener Möbel, bearbeitet von
 Erich Boltenstern, Stuttgart 1934, S. VII.

15 Oskar Strnad, Neue Wege in der Wohnraumeinrichtung, in: Deutsche Kunst und Dekoration, Oktober
 1922, o. S. Zitiert nach: Otto Niedermoser,
 Oskar Strnad 1879–1935, Wien 1965, S. 51.

16 Oskar Strnad, Mit Freude wohnen, 1932, o. n. A.
 Zitiert nach: Niedermoser, Strnad, 1965, S. 55.

17 Der Nachlass von Anna-Lülja Praun wurde von
 ihren Erb*innen dem MAK – Museum für angewandte
 Kunst übergeben. Die Skizzenbücher befinden sich
 im Besitz der Erb*innen. Der Nachlass wurde
 bislang vom MAK nicht inventarisiert.

18 Otto Kapfinger, Anna-Lülja Praun. Rede anläss-
 lich der Verleihung der Ehrenmitgliedschaft der
 Österreichischen Gesellschaft für Architektur,
 MAK, Wien 1997, in: Architekturzentrum Wien
 (Hrsg.), Otto Kapfinger, ausgesprochen – Reden
 zur Architektur, Salzburg 1999, S. 57.

19 György Ligeti, Ligeti über Praun, Katalogtext,
 in: Eiblmayr/Fischer, Möbel in Balance, Salzburg
 2001, S. 78.

20 AT-OeStA/AdR HBbBuT BMfHuW Titel ZivTech M–R
 7708 Praun, Anna, Dipl. Ing., Bescheid vom
 28.8.1961.

21 Diese These bedarf noch der eingehenden
 Forschung und Verifizierung.

Helene Roth und Alfred Abraham, Tel Aviv,
1950er-Jahre, Privatbesitz

Helene Roth
1904–1995

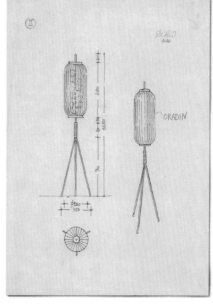

Text von Sabine Plakolm-Forsthuber

Die Architektin

Abb. 268   Roth: Einfamilienhaus

Unter all den auch von Frauen ausgeübten Berufen ist der des Architekten am längsten eine Domäne des Mannes geblieben, weil zu dessen Ausübung nicht allein originelle, sondern gleichzeitig und in sehr weitgehendem Maße auch aggressive Talente, bis zu diktatorischer Strenge gegenüber maskuliner Brutalität, zu bewähren sind; weil ohne Bewährung derselben — einst

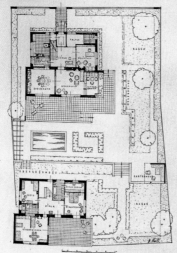

Abb. 269   Roth: Grundriß und I. Stock

nannte man dies Praxis — der ἀρχιτέκτων, d. h. wörtlich Urerzeuger, Oberbewirker, niemals jene Erfahrungen machen kann, die ihn schließlich zu dem alles vorausbedenkenden, umsichtigen und fürsorglichen Berater und Anwalt seines Bauherrn werden lassen.

Eine Würdigung der Tätigkeit der Architektin soll daher vorwiegend auf ihre schöpferischen Qualitäten beschränken. Das feinere feminine Einfühlungsvermögen in die Bedürfnisse und Wünsche des Bauherrn mag ihr dabei wohl zu statten kommen und besonders da, wo sie aus eigener Erfahrung kontrollieren kann, also im hauswirtschaftlichen Betriebe, dem Manne gegenüber von Vorteil sein. (Nicht zufällig verdanken wir die Neuerungen der Küche zwei Amerikanerinnen, von denen noch später die Rede sein soll.)

Die Arbeiten von Helene Roth, einer Absolventin der Wiener Technik, zeigen dies deutlich. Großzügig erschließt die Gehlinie in der Achse (Gartentor, Vorplatz, Vorraum, Diele, Wohnraum) das von Norden zugängliche, sich nach Süden und Osten öffnende Haus, das im Erdgeschoß, von der Diele aus zugänglich, die abgeschlossene Bibliothek, daneben Wintergarten, Wohnraum und Speisezimmer und in der Nordwestecke, anschließend daran, den Wirtschaftstrakt mit Anrichte, Küche und Kellerabgang enthält. Die Verbindung mit dem Garten vermittelt eine große gepflasterte, gegen die Westwinde durch eine Glaswand geschützte Terrasse, von der über acht Stufen der Weg zum Bassin des oberen Gartenparterres und zum unteren Obstgarten führt. Im ersten Stock trennt die Diele die Apartements der Eltern von denen der Kinder, die, mit je einem Badezimmer ausgestattet, zur großen Terrasse (über Wohnraum

121

Entwurf für eine Villa in Wien, Ansicht und Grundriss, um 1933, in: *profil*, 4, Heft 1, 1933

1928 wurde Helene Roth, die erste Absolventin der Studienrichtung Architektur an der Technischen Hochschule Wien (TH Wien),[1] Mitglied der Zentralvereinigung der Architekten Österreichs (ZV). Dies ist dem Mitgliederverzeichnis von 1933 zu entnehmen, in dem das Eintrittsjahr der ordentlichen Mitglieder sowie ihre Adresse (Helene Roth wohnte 1933 in der Wickenburggasse 20 in Wien-Josefstadt) aufgelistet sind. Es ist Ausdruck des Selbstverständnisses dieser Pionierinnen der Architektur, dass sie bald nach dem Studienabschluss den Eintritt in diese renommierte Standesvertretung, die ZV, anstrebten, die sie in ihrer beruflichen Laufbahn unterstützen und ihre Chancen am Arbeitsmarkt stärken sollte.

Die 1904 in Göding (Hodonín) geborene Fabrikantentochter hatte in Brünn am Realgymnasium maturiert und trat 1921/22 zunächst als außerordentliche und ab 1923 als ordentliche Hörerin in die Bauschule (Architektur) ein. Einer der Gründe für die verzögerte Aufnahme als ordentliche Hörerin war „Platzmangel"; ein Grund, der trotz der lang erkämpften Zulassung von Frauen zum Studium an der TH Wien ab dem Wintersemester 1919/20 noch immer von Gesetzes wegen vorgebracht werden konnte.[2] Am 20. Dezember 1926 legte sie erfolgreich die zweite Staatsprüfung ab und hatte sich nun als Architektin am freien Markt zu bewähren. Da war sie gerade einmal 22 Jahre alt. Siegfried Theiss, der von 1919 bis 1931 der ZV als Präsident vorstand, sowie die ZV-Mitglieder Karl Holey und Max Theuer kannten Roth von ihrem Studium und haben vermutlich ihren Beitritt befürwortet. Die Anregung zur Mitgliedschaft könnte auch vom ZV-Mitglied Walter Sobotka ausgegangen sein, in dessen Büro Roth nachweislich gearbeitet hatte.[3] Der frühe Eintritt in die ZV 1928 ist bemerkenswert. Den 1929 erlassenen Satzungen zufolge hätte sie eine „mindestens fünfjährige Tätigkeit in dem Atelier eines anerkannten Architekten" für die Aufnahme nachweisen müssen;[4] es ist anzunehmen, dass dies in den früheren Satzungen ähnlich geregelt war.

Über die Wiener Jahre der jungen Absolventin ist wenig bekannt. Der Hinweis auf Walter Sobotka ist insofern schlüssig, als beide auf dem Gebiet der Innen- und Ausstellungsarchitektur tätig waren. Die einzigen etwas ausführlicheren Artikel über Roth stammen vom ZV-Mitglied Hans Adolf Vetter,[5] dem Herausgeber der Kunstzeitschrift der ZV *profil*, und von der Journalistin Gisela Urban.[6] Urban, eine engagierte Vorkämpferin für die Frauenrechte und stellvertretende Vorsitzende des Bundes Österreichischer Frauenvereine (BÖFV), publizierte regelmäßig über das Schaffen der ersten österreichischen Architektinnen in Tageszeitungen, Frauenzeitschriften und Fachjournalen, ehe sie 1943 in Theresienstadt ermordet wurde. Vetter emigrierte 1938 nach London und anschließend in die USA. Auch hinsichtlich der Berichterstattung über die Pionierinnen der Architektur gab es politisch bedingte Zäsuren, die das Vergessen ihrer Teilhabe am Architekturgeschehen beförderten.

Unter dem Titel „Modernes Wohnen" organisierte Urban von 1930 bis 1938 Wohnungsführungen. Interessierte konnten im Beisein der Wiener Architekt*innen die von diesen kürzlich gestalteten Wohnungen besichtigen; darunter auch jene von Helene Roth in Döbling und Währing. Ausführliche Berichte über die besichtigten Interieurs in der Zeitschrift des BÖFV *Die Österreicherin* vermitteln einen guten Einblick in die Wiener Wohnkultur der Zwischenkriegszeit.

Die wenigen Abbildungen von Roths Einrichtungen sind Ausdruck der gediegenen Innenarchitektur der gemäßigten Wiener Moderne. Urban hebt die funktionalen Elemente der Interieurs hervor, wie kombinierte Bücherregale und Vitrinen, die als Raumteiler fungieren, und technische „Annehmlichkeiten". Hinsichtlich der Materialgestaltung fallen die Verwendung von edlen Holzoberflächen (Mahagoni), Schleiflack, Linoleum und gemusterte Stoffe sowie eine bunte Farbigkeit auf. „Alle Elemente" sind „zu einem zweckvollen Behagen zusammengefügt, Farben und Formen zu einer Einheit verwebt."[7]

Kooperationen mit dem nicht näher bekannten Architekten Albert Gerstner[8] und mit der renommierten Malerin und Mitarbeiterin der Wiener Werkstätte Maria Strauss-Likarz sind für das Jahr 1933 dokumentiert. Hervorgehoben wird ferner, dass es Roths Anliegen sei, sich mit dem Charakter und den Wünschen künftiger Bewohner*innen auseinanderzusetzen, weshalb ihre „Räume Spiegelbilder von Lebensauffassungen und dadurch interessante Dokumente für den Wohnstil unserer Tage" seien.[9]

Roths Interieurs erinnern an den als bürgerlich zu charakterisierenden Einrichtungsstil von Liane Zimbler[10], mit der sie bei einigen Ausstellungen zusammenarbeitete. In der programmatischen Ausstellung *Die schaffende Österreicherin: Werk und Bild*, die 1931 anlässlich des in Wien tagenden Kongresses der Internationalen Vereinigung der berufstätigen Frauen in der Secession stattfand, präsentierte Roth einige Entwürfe, wie beispielsweise einen preisgekrönten Entwurf für eine Krankenkasse.[11] Für die von der Wiener Frauenkunst initiierte Ausstellung *Die schöne Wand* im Österreichischen Museum für Kunst und Industrie 1933 entwarf sie eine Schaufensterwand.[12] Roth, die beim Umbau eines Hotels, eines Restaurants und einer Schwemme (Schankwirtschaft) mitgearbeitet hatte, soll auch Villen und Wohnhäuser geplant haben. Der einzige Entwurf aus dem Jahr 1933, der dies belegt, zeigt eine moderne, zweigeschoßige, kubisch gestaffelte Villa auf einem Sockelgeschoß mit Flachdach, eine großzügige Durchfensterung im Bereich des Wintergartens und der gartenseitigen Diele sowie eine große Terrasse im Obergeschoß. Von der ebenerdigen, windgeschützten Gartenterrasse führen einige Treppen in den großzügigen Garten, für den ein Wasserbecken und ein Gartenhaus geplant sind. Ob diese Villa je gebaut wurde, ist nicht bekannt.[13]

1934 emigrierte Roth, die jüdischer Herkunft war, in das britische Mandatsgebiet Palästina. Ihre Beweggründe sind nicht bekannt, möglicherweise fühlte sie sich von zionistischen Gruppen angesprochen oder suchte dem aufkommenden Antisemitismus zu entkommen. Bemerkenswert ist, dass bereits in den Jahren des Austrofaschismus eine größere Gruppe von Absolvent*innen der TH Wien nach Tel Aviv, Jerusalem oder Haifa auswanderte. Zwischen 1933 und 1941 wählten immerhin vierzig Architekt*innen aus Wien das Mandatsgebiet als Zufluchtsland, wo sie sich eine gesicherte Zukunft und bessere Arbeitsmöglichkeiten erhofften.[14] Mit der Abmeldung von Wien, die am 18. November 1934 erfolgte,[15] waren Helene Roths Bindungen an die ZV und vermutlich auch nach Wien Geschichte.

Roth ließ sich in Tel Aviv nieder, jener 1909 gegründeten Stadt, die sich durch die Bauten der zahlreich aus Europa emigrierten Architekt*innen ab Mitte der 1920er-Jahre zu einem Zentrum der internationalen Moderne entwickelt hatte. Der intensive Zustrom europäischer Zuwander*innen, insbesondere während der „fünften Alija" (1920–1939), führte zu einem Bauboom. Der Fokus lag zum einem auf dem Bau ganzer Stadtviertel, darüber hinaus war der Wunsch nach Wohnungseinrichtungen, die dem Lebensstil der gehobenen Mittelschicht entsprachen, hoch. Roth fand rasch eine Anstellung.

Roth war nicht die einzige Architektin, die vom Aufschwung am Bausektor profitierte. Interessanterweise finden sich unter den Immigrant*innen auch die ersten deutschen Architektinnen wie Gertrud Goldschmidt, Elsa Gidoni-Mandelstamm, Lotte Cohn oder Judith Segall-Stolzer, die Wohn- und Siedlungsanlagen, öffentliche Gebäude, Plätze oder Synagogen entwarfen und für zionistische Frauenorganisationen planten.[16] Sigal Davidi betont, dass den jungen europäischen Architektinnen im britischen Mandatsgebiet eine professionelle Gleichberechtigung zuteilwurde und sie damit größere Chancen zum Bauen erhielten, als dies in ihren Herkunftsländern möglich gewesen wäre. Den jüdischen Frauen wäre ein Bleiben und Wirken in Deutschland oder in Österreich in der NS-Zeit unmöglich gewesen. Erst mit der Gründung des

Entwurf für ein Handschuh- und Taschengeschäft, Tel Aviv, gemeinsam mit Alfred Abraham, o. J., Privatbesitz

Textilgeschäft, Tel Aviv, gemeinsam mit Alfred Abraham, o. J., Privatbesitz

Staates Israel 1948 wurden die europäischen von den am (1924 gegründeten) Technion in Haifa ausgebildeten Architektinnen zurückgedrängt; zudem fand ein Generationswechsel statt.

Roth trat 1934 in das Büro des aus Kassel stammenden, 1933 nach Tel Aviv emigrierten deutschen Architekten Alfred Abraham (1900–1958) ein. Abraham dürfte seine Ausbildung an der Kasseler Kunsthochschule oder der Kasseler Akademie erhalten haben, er war jedenfalls kein technisch ausgebildeter Architekt, sondern eher ein Designer.[17] Ihr gemeinsames Büro für „Interior Design" befand sich in der zentral gelegenen Sheinkin Street 72, einer Querstraße des Rothschild-Boulevards. Ab 1954 richteten sie sich im Erdgeschoß eines weiter stadtauswärts gelegenen Neubaus in der HaShoftim Street 33 ein Atelier ein. Abrahams zweites, zusammen mit Helene Roth entworfenes Atelier wurde nach seinem Tod von seinem Sohn Rafael Abraham, einem Absolventen des Technion, und seinem ebendort ausgebildeten Enkel Miki Abraham weitergeführt. Es ist noch weitgehend erhalten, auch der Planbestand sowie ein umfassendes, von den 1930er- bis in die 1950er-Jahre reichendes Fotoarchiv des Büros. Im Atelier Abraham/Roth fand in den 1930er-Jahren noch ein weiterer aus Wien emigrierter und an der TH Wien ausgebildeter Architekt eine Anstellung, nämlich Heinrich (Yehezkel) Goldberg (1911–1958). Goldberg, der mit seiner Frau, der äußerst erfolgreichen TH-Wien-Absolventin Dora Gad (geb. Siegel, 1912–2003), 1936 eingereist war, gehörte einer zionistischen Bewegung an. Dora Gad arbeitete vorerst im Büro des aus Deutschland emigrierten ungarischen Architekten Oskar Kaufmann (1873–1956), ab 1938 jedoch selbstständig. Ab 1942 gründete das Ehepaar ein gemeinsames Büro und nahm den hebräischen Namen Gad an.[18]

In den 25 Jahren gemeinsamer Tätigkeit konnten sich Abraham und Roth einen beachtlichen Kundenstock erarbeiten. Darunter befanden sich deutschsprachige Emigrant*innen, die gehobene Mittelschicht Tel Avivs, Industrielle, auch arabischstämmige Auftraggeber und Politiker. In der in Berlin editierten Zeitschrift *Palästina Nachrichten* warb das Büro für „hochwertige Qualitätsmöbel" und mit dem „Entwurf und [der] Ausführung von Ladenbauten".[19] Für die Zeitschrift, die sich an deutschsprachige „Auswanderer" richtete, verfassten die führenden Architekt*innen des britischen Mandatsgebiets zahlreiche Artikel zum modernen Baugeschehen. Die Fotos stammen unter anderem vom bekannten Architekturfotografen Itzhak Kalter (1903–1997), der auch häufig die Interieurs von Abraham/Roth fotografierte.

Abrahams und Roths Hauptaufgabengebiet bestand in der Möblierung von Wohnungen. Für die Möbel und Lampen legten sie Typenentwürfe vor, die in unterschiedlichen Materialien oder Farben auswählt werden konnten. Dennoch war jedes Möbelstück ein Unikat. Unzählige erhaltene Buntstift-, Kreide- und Bleistiftzeichnungen zeugen vom künstlerischen Erfindungsgeist und von der gestalterischen Kompetenz des Designerduos. Die wenigsten Blätter sind signiert, nur vereinzelt findet sich der gemeinsame Stempel des Büros auf den Entwürfen oder den Fotos, weshalb eine Zuordnung des jeweiligen Entwurfsanteils kaum möglich ist. Ihre Möbelverarbeitung war gekennzeichnet durch höchste handwerkliche Qualität, ausgewählte hochwertige Materialen wie furnierte Holzoberflächen, Intarsien, handgefertigte Stoffe und feine Lederbezüge in leuchtenden Farben, Metallarbeiten, Rattangeflechte etc. Auffallend waren die zahlreichen multifunktionalen Möbelentwürfe: Einbauschränke, Bars mit eingeschobenen, stapelbaren Hockern, ausziehbaren, aufklappbaren und schwenkbaren Tischen etc. Das, was sie ihren Auftraggeber*innen lieferten, war eine europäische bürgerliche Wohnkultur, die wenig mit den modernen funktionalistischen Strömungen des europäischen Designs zu tun hatte, sondern den eher zurückgezogen lebenden Emigrant*innen so etwas wie ein heimatliches, vertrautes bürgerliches Wohnambiente entwarf.

El-Al-Büro, Tel Aviv, gemeinsam
mit Alfred Abraham, 1951,
Privatbesitz

Entwurfsstudie für das El-Al-Büro, Tel Aviv, gemeinsam mit Alfred Abraham, 1951, Privatbesitz

Wohnzimmer, Wohnung Piepsz, Tel Aviv,
gemeinsam mit Alfred Abraham, o. J.,
Privatbesitz, Foto: Itzhak Kalter

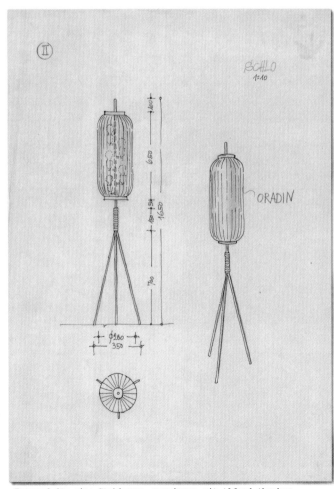

Entwurf für eine Stehlampe, gemeinsam mit Alfred Abraham,
o. J., Privatbesitz

Entwurf für ein Wohnzimmer, gemeinsam mit Alfred
Abraham, o. J., Privatbesitz

Entwurf für ein ausziehbares Sofa, gemeinsam mit
Alfred Abraham, o. J., Privatbesitz

Die deutsche Nationalökonomin und ehemalige Mitarbeiterin des Auswärtigen Amtes des Reichstages in Berlin Hilde Oppenheimer, die 1933 eingewandert war, beschrieb die „durchschnittliche palästinensische Stadtwohnung" mittlerer Größe mit ihrer einfachen spärlichen Möblierung: Der „Neuankömmling" sei „zu Anfang oft erstaunt über die Primitivität der Einrichtung zum Beispiel in den Wohnungen des hiesigen intellektuellen Mittelstandes". Dies begründete sie mit den klimatischen Bedingungen, aber auch mit der finanziellen Situation der meist armen Bevölkerung. Hingegen unterscheide sich die „Wohnungseinrichtung der sehr dünnen jüdischen Oberschicht hier nicht wesentlich von denjenigen der entsprechenden Schichten in westlichen Ländern". Sie riet dazu, entweder Möbel vor Ort anfertigen zu lassen oder die eigenen Möbel mitzubringen.[20] Die Entwürfe von Abraham/Roth gingen kaum auf die spezielle Klimasituation wie die sommerliche Hitze und den Staub in Tel Aviv ein, vielmehr schlossen sie an die zentraleuropäische Raumkunst der 1930er-Jahre an. Daneben planten die beiden Geschäftseinrichtungen und Bars in Tel Aviv, wie 1951 das erste Büro der jungen israelischen Fluglinie El Al. Die reizvollen Buntstiftzeichnungen zeigen im Erdgeschoß eine geschwungene Verkaufstheke, die in einem eleganten Schwung in die ins Obergeschoß führende Treppe übergeht.

Nach dem Tod von Alfred Abraham 1958 arbeitete Helene Roth noch einige Jahre mit seinem Sohn Rafael zusammen, ehe sie sich mit einem eigenen Atelier selbstständig machte. Über ihr weiteres Schicksal ist wenig bekannt. Als sie 1995 hochbetagt und kinderlos verstarb, wurde ihr Nachlass vernichtet.

1 Ute Georgeacopol-Winischhofer, „Sich-bewähren am Objektiven". Bildung und Ausbildung der Architektin an der Technischen Hochschule in Wien von 1919/20 bis 1944/45, in: Juliane Mikoletzky, Ute Georgeacopol-Winischhofer, Margit Pohl (Hrsg.), „Dem Zuge der Zeit entsprechend …". Zur Geschichte des Frauenstudiums in Österreich am Beispiel der Technischen Universität Wien, Wien 1997, S. 218.

2 Frauen wurden unter Vorlage der entsprechenden Qualifikation ab dem Wintersemester 1919/20 zum Studium an der TH Wien zugelassen, sofern sie „ohne Schädigung oder Beeinträchtigungen der männlichen Studierenden nach den vorhandenen räumlichen und wissenschaftlichen Einrichtungen der einzelnen Hochschulen Platz finden können". Siehe Juliane Mikoletzky, Von den Anfängen bis zur Zulassung von Frauen zum ordentlichen Studium an österreichischen Technischen Hochschulen 1919, in: dies. et al., „Dem Zuge der Zeit entsprechend …", S. 82–83; Georgeacopol-Winischhofer, „Sich-bewähren", 1997, S. 185–254.

3 O. A., Who's and who in Palestine, Zeitungsausschnitt, zur Verfügung gestellt von Sigal Davidi (Tel Aviv).

4 AT-OeStA/AdR BKA BKA-I BPDion Wien VB Signatur VIII-1665, Zentralvereinigung der Architekten Österreichs, 1907–1938, Statuten vom 7.5.1929.

5 H. A. V. (Hans Adolf Vetter), Die Architektin, in: profil, 4, Heft 1, 1933, S. 121–123.

6 Gisela Urban, Frauliches Schaffen, in: Innendekoration, 45, 1934, S. 102 f. Zu Gisela Urban siehe Theodor Venus, Urban, Gisela, www.biographien.ac.at/oebl/oebl_U/Urban_Gisela_1871_1943.xml (Zugriff 18.4.2022).

7 Urban, Frauliches Schaffen, 1934, S. 102.

8 Gisela Urban, Modernes Wohnen, in: Die Österreicherin, 6, 1933, S. 4.

9 Urban, Frauliches Schaffen, 1934, S. 102.

10 Sabine Plakolm-Forsthuber, Ein Leben, zwei Karrieren. Die Architektin Liane Zimbler, in: Matthias Boeckl (Hrsg.), Visionäre & Vertriebene. Österreichische Spuren in der modernen amerikanischen Architektur, Berlin 1995, S. 295–309.

11 O. A., Die schaffende Österreicherin, in: Neues Wiener Tagblatt, 28.7.1931, S. 9.

12 Grete Müller, „Die schöne Wand" im Museum für Kunst und Industrie, in: Die Stunde, 10.3.1933, S. 5.

13 H. A. V., Architektin, 1933, S. 121–123.

14 Matthias Dorfstetter, Österreichische Architekturschaffende im entstehenden Staat Israel. Der Beitrag der TH Wien zum Baugeschehen zwischen Jordan und Mittelmeer, Dipl.-Arb. Technische Universität Wien, Wien 2019, S. 15.

15 Meldeauskunft, siehe: Georgeacopol-Winischhofer, „Sich-bewähren", 1997, S. 249, Anm. 117.

16 Sigal Davidi, Architektinnen aus Deutschland und Österreich im Mandatsgebiet Palästina, in: Mary Pepchinski et al. (Hrsg.), Frau Architekt. Seit mehr als 100 Jahren: Frauen im Architekturberuf, Ausstellungskatalog Deutsches Architekturmuseum (DAM), Frankfurt am Main, Berlin 2017, S. 49–57; Sigal Davidi, Building a New Land. Women Architects and Women's Organizations in Mandatory Palestine, Ra'anana 2020 (publiziert in Hebräisch).

17 Auskunft von Miki Abraham, Tel Aviv.

18 Ran Shechori, Dora Gad. The Israeli Presence in Interior Design, Tel Aviv 1997.

19 Palästina Nachrichten. Zeitschrift für Wirtschaftsentwicklung im Vorderen Orient, 3. Jg., Nr. 3., 1936, S. 11. Die Annonce warb mit „Alfred Abraham. Innenarchitekt", Helene Roth kam hier nicht vor.

20 Hilde Oppenheimer, Wohnungseinrichtung und Wohnungskultur, in: Palästina Nachrichten, 1. Jg., Nr. 4, 1934, S. 4.

Maria Tölzer beim Beratungsgespräch mit
Kund*innen, International Archive of
Women in Architecture (IAWA), Virginia
Tech, Blacksburg, Virginia, MS 2001-054

Maria Tölzer
1908–1998

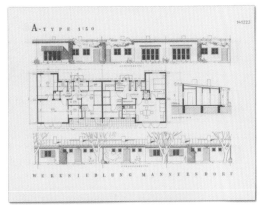

Text von Sabine Plakolm-Forsthuber

Möblierungsvorschlag für einen Wohnraum, in: Robert Stern (Hrsg.), *Neues Wohnen.*
Ein Ratgeber für jedermann, Wien 1956

Als Maria Tölzer (geb. Schejbal) 1946 in die Zentralvereinigung der Architekten Österreichs (ZV) aufgenommen wurde, hatte sie gerade ihr Architekturstudium an der Hochschule für angewandte Kunst Wien bei Franz Schuster abgeschlossen. Daneben verfügte die 38-jährige Tölzer über eine reiche Erfahrung in diversen pädagogischen und künstlerischen Berufen. Als engagierte Architektin brachte sie sich aktiv in die Vereinsarbeit der ZV ein und war dieser bis 1980 verbunden.

Maria Tölzer wurde 1908 als Tochter des Schuhwarenerzeugers Josef Schejbal in Wien geboren. Wie viele junge Mädchen der Ersten Republik dürfte sie mit dem Eintritt in die Bundeslehranstalt für Frauenberufe dem Wunsch der Eltern gefolgt sein, eine praxisorientierte, lebensnahe Berufsausbildung anzustreben. In dem 1909/10 nach den Plänen von Emil und Paul Hoppe errichteten Schulbau am Wiedner Gürtel erwarb Tölzer 1926 die Lehrbefähigung zur Arbeitslehrerin für Kunststickerei. Nach einer sechsjährigen Lehrtätigkeit bei der Firma Singer Nähmaschinen, wo sie für die Angestelltenschulung und das Atelier zuständig war, übernahm sie 1932/33 eine Stelle als Fachlehrerin für Zeichnen und Kunstgewerbe im Schulverein Komenský.[1]

Die 1872 gegründeten Wiener Komenský-Schulen ermöglichten der tschechischen Volksgruppe eine zweisprachige Schulausbildung. Getragen von der neuen Tschechoslowakischen Sozialdemokratischen Arbeiterpartei Österreichs, erlebte auch der Schulverein Komenský in der Zwischenkriegszeit einen Aufschwung. Immerhin lebten zu diesem Zeitpunkt in Wien an die 100.000 Tschech*innen. Es erfolgten zahlreiche Schulgründungen sowie die Errichtung moderner, funktionaler Schulbauten. Herausragend sind die von den ZV-Mitgliedern Wilhelm Baumgarten und Josef Hofbauer ab 1927 errichteten Komenský-Schulen im 3., 10. und 20. Wiener Gemeindebezirk.[2] Tölzer, die die tschechische Staatsbürgerschaft besaß, ergriff während ihrer zehnjährigen Lehrtätigkeit die Chance, sich weiterzubilden. 1933 trat sie in die Wiener Kunstgewerbeschule ein, wo sie von 1933 bis 1935 die Fachklasse für Malerei bei Bertold Löffler besuchte und, nach einer berufsbedingten zweijährigen Unterbrechung, 1938 ihre Ausbildung bei dem Grafiker Paul Kirnig beendete. Im Abschlusszeugnis hob Kirnig ihren „außerordentlichen Fleiß und guten Erfolg mit Gebrauchs- und Illustrationsgrafik und kunstgewerblichen Entwürfen" sowie ihr „Verständnis für Form und Farbe" hervor. Seiner Beurteilung ist jedoch auch zu entnehmen, dass ihr Ausbildungserfolg durch ihre berufliche Tätigkeit ein wenig gelitten hatte. Andererseits war es ihm wichtig zu betonen, dass sie aufgrund „ihrer Intelligenz und ihrer menschlichen Qualitäten [...] stets eine gute Lehrerin" sein werde.[3] In jene Jahre, genauer ins Jahr 1935, fiel auch die Eheschließung mit dem Gebrauchsgrafiker Peter Tölzer (1910–1997), der von 1925 bis 1930 an der Kunstgewerbeschule studiert hatte und im Atelier des renommierten Grafikers Joseph Binder arbeitete. Nach dem Krieg absolvierte auch er ein Architekturstudium und diplomierte 1949 an der Akademie der bildenden Künste Wien bei Clemens Holzmeister. Peter Tölzer trat 1950 der ZV bei.

Nachdem die Komenský-Schulen 1941 von den Nationalsozialisten geschlossen worden waren und Maria Tölzer entlassen worden war, besuchte sie ab 1942 die von Franz Schuster geleitete Fachabteilung für Architektur, die ab 1941 in „Wohnungsbau und Raumgestaltung" umbenannt wurde. Unter dem Druck der anderen Architekturschulen sowie der ZV unter Siegfried Theiss, mit denen die Kunstgewerbeschule konkurrierte, sah sich die Kunstgewerbeschule ab 1936 gezwungen, keine Hochbauausbildung, sondern ausschließlich eine in Innenarchitektur anzubieten. Der an der Kunstgewerbeschule in Wien ausgebildete Franz Schuster (1892–1972) hatte in den 1920er-Jahren seine ersten Erfolge als Architekt des Roten Wien, insbesondere im Siedlungsbau, gefeiert. Schuster war seit 1926 ZV-Mitglied. Nach seinen Frankfurter Jahren (1927–1936), wo er unter Ernst May am Aufbau des neuen Frankfurt mitgewirkt

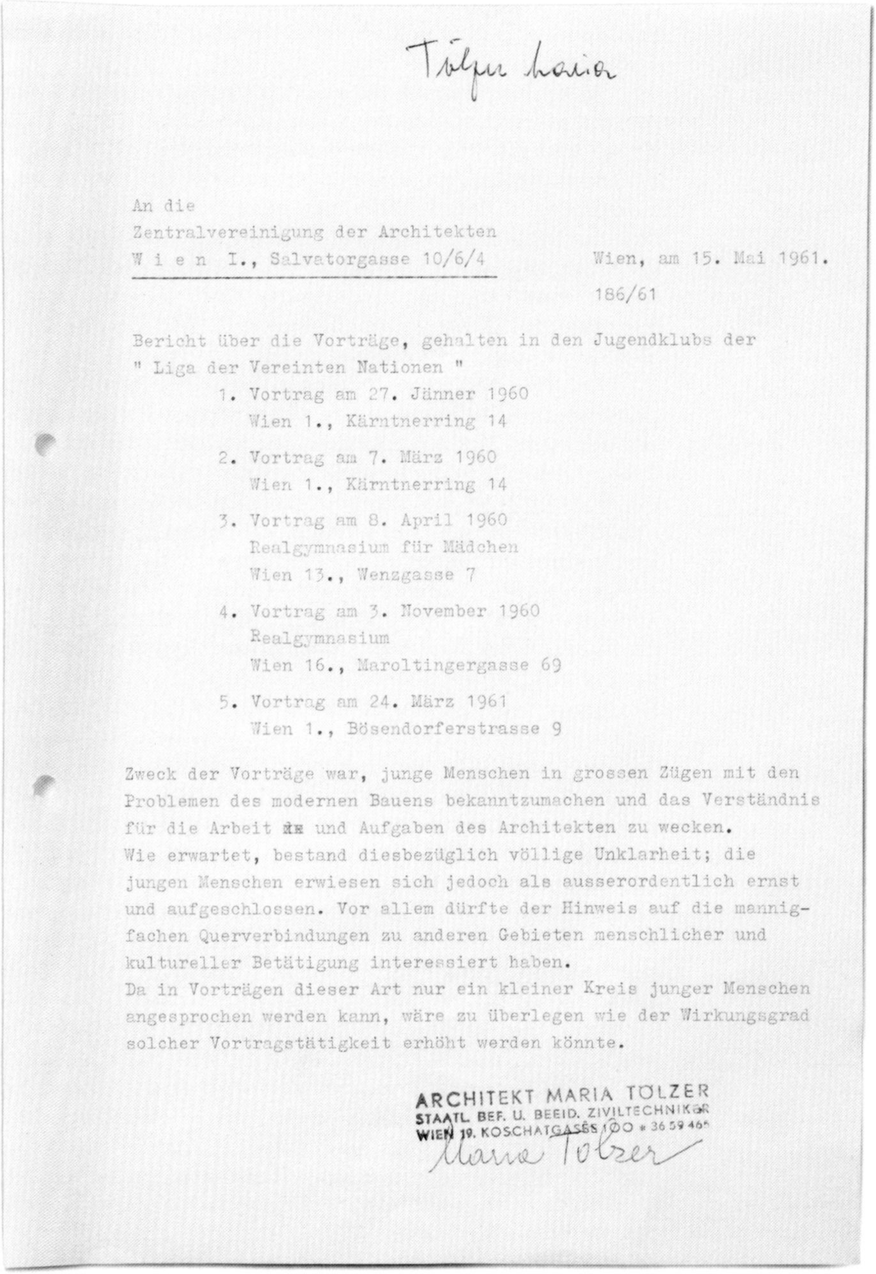

Tölzer Maria

An die
Zentralvereinigung der Architekten
W i e n I., Salvatorgasse 10/6/4   Wien, am 15. Mai 1961.
                                                    186/61

Bericht über die Vorträge, gehalten in den Jugendklubs der
" Liga der Vereinten Nationen "
          1. Vortrag am 27. Jänner 1960
             Wien 1., Kärntnerring 14

          2. Vortrag am 7. März 1960
             Wien 1., Kärntnerring 14

          3. Vortrag am 8. April 1960
             Realgymnasium für Mädchen
             Wien 13., Wenzgasse 7

          4. Vortrag am 3. November 1960
             Realgymnasium
             Wien 16., Maroltingergasse 69

          5. Vortrag am 24. März 1961
             Wien 1., Bösendorferstrasse 9

Zweck der Vorträge war, junge Menschen in grossen Zügen mit den
Problemen des modernen Bauens bekanntzumachen und das Verständnis
für die Arbeit ÆÆ und Aufgaben des Architekten zu wecken.
Wie erwartet, bestand diesbezüglich völlige Unklarheit; die
jungen Menschen erwiesen sich jedoch als ausserordentlich ernst
und aufgeschlossen. Vor allem dürfte der Hinweis auf die mannig-
fachen Querverbindungen zu anderen Gebieten menschlicher und
kultureller Betätigung interessiert haben.
Da in Vorträgen dieser Art nur ein kleiner Kreis junger Menschen
angesprochen werden kann, wäre zu überlegen wie der Wirkungsgrad
solcher Vortragstätigkeit erhöht werden könnte.

                          ARCHITEKT MARIA TÖLZER
                          STAATL BEF. U. BEEID. ZIVILTECHNIKER
                          WIEN 19. KOSCHATGASSE 100 * 36 59 465
                          Maria Tölzer

Verzeichnis der im Jugendklub der Österreichischen Liga für die Vereinten Nationen
1960/61 gehaltenen Vorträge, Archiv ZV, Mitgliedsakt Maria Tölzer

und an der Städelschule unterrichtet hatte, übernahm er 1937 die Nachfolge von Josef Hoffmann an der Kunstgewerbeschule. Schusters widersprüchliche Biografie wurde von Monika Platzer[4] ausführlich beschrieben: Einerseits war er im NS-Wohnbauprogramm, wo er für Typisierung und Möbelentwicklung verantwortlich war, involviert, und anderseits spielte er im Wiederaufbau der Stadt Wien eine zentrale Rolle. Die Kontinuität und Wiederverwendung seiner in der NS-Zeit entwickelten Grundrisstypen, Typisierungsvorschläge oder Möbelentwürfe in den Planungen der Nachkriegszeit ist auffallend.[5]

An der 1941 zur Reichshochschule für angewandte Kunst erhobenen Kunstgewerbeschule war der Anteil der weiblichen Studierenden, wie an allen anderen Architekturschulen, kriegsbedingt hoch. Tölzer, die auf eine reiche berufliche wie künstlerische Erfahrung zurückgreifen konnte, begeisterte sich für Schusters Lehrmethoden und seine soziale Gesinnung. So erinnerte sie sich, dass Schuster bei jeder Entwurfsübung der Analyse der sozialen Probleme den Vorrang eingeräumt habe. Demzufolge legte sie in ihrer späteren Tätigkeit als Architektin besonderen Wert auf „‚funktionierende'" Grundrisse, die sie als Voraussetzung für einen „hohen Wohnwert" erachtete. „Selbstverständlich entstanden alle Grundrisse in Zusammenschau mit einer optimalen Einrichtung bzw. Möblierung", so Tölzer.[6] Ein weiterer Einfluss Schusters darf in Tölzers umfassender publizistischer Tätigkeit gesehen werden.

Als engagierter Pädagoge verfasste Schuster zahlreiche Lehr- und Fachbücher, die mit anschaulichen Illustrationen und erklärenden Texten versehen waren. Durch einen ähnlich pragmatischen Zugang sind Tölzers Publikationen in vorzugsweise sozialdemokratischen Medien charakterisiert. Hier befasst sie sich mit einem Aufgabengebiet, das ab den 1920er-Jahren von Margarete Schütte-Lihotzky, Ella Briggs, Liane Zimbler oder Leonie Pilewski thematisiert wurde: der Organisation des Haushalts und der Wohnung aus weiblicher Perspektive mit dem Ziel, die Grundrisse und die Einrichtung funktional zu optimieren und ihre Ratschläge in Fachzeitschriften sowie in sogenannten Frauenzeitschriften zu publizieren. Von 1947 bis 1954 verfasste sie 77 Artikel zu Fragen der Wohnkultur für die sozialdemokratische Zeitschrift für Frauen und Mädchen *Die Frau*, die von 1892 bis 1987 zweimal monatlich erschien und deren Titelseiten des Öfteren von Peter Tölzer gestaltet wurden. Sie gab Möblierungstipps für die sogenannten Gangküchenwohnungen der Wiener Zinshäuser der Jahrhundertwende oder für die Sozialwohnungen der Zwischen- und Nachkriegszeit. Tölzer plädierte für praktische, formschöne Möbel, die durch eine preisgünstige Serienproduktion zu einer für alle erschwinglichen Wohnkultur führen könne. Ein häufig wiederkehrendes Thema waren hauswirtschaftliche und Küchenfragen und die Möblierung von Klein- und Kleinstwohnungen. 34 Fachbeiträge verfasste sie zwischen 1951 und 1960 für die Zeitschrift *Der Mieter*, sieben zwischen 1951 und 1955 für *Die Kunst und das schöne Heim* und zwei weitere für die illustrierte Monatsschrift *Das Blatt der Hausfrau* im Jahr 1951. Tölzer war es ein Anliegen, ihre Texte in „laienverständlicher Form"[7] zu schreiben, und sie illustrierte jeden Artikel mit eigenhändigen Zeichnungen, Grundrissen oder Fotos. So gesehen sind ihre Publikationen eine wichtige Quelle für ihr architektonisches Verständnis sowie Ausdruck ihrer planerischen und zeichnerischen Kompetenz. 1952 wurde sie für ihre Fachartikel mit dem Anerkennungspreis der Arbeiterkammer ausgezeichnet.[8] Zu diesem pädagogischen Engagement passt auch, dass sie 1960 und 1961 im Jugendklub der Österreichischen Liga für die Vereinten Nationen, die 1945 als Schnittstelle zwischen der UNO und der österreichischen Bevölkerung gegründet wurde, diverse Vorträge hielt. Tölzers Anliegen war es, junge Menschen „mit den Problemen des modernen Bauens bekannt zu machen und das Verständnis für die Arbeit und die Aufgaben des Architekten zu wecken".[9]

Ausstellung *Die Frau und ihre Wohnung*: Gemeindewohnung, Type A, Kochnische, 1950, Titelblatt, in: *Der Aufbau*, Heft 2, 1951

Ausstellung *Die Frau und ihre Wohnung*: kleinste Einraumwohnung, 1950, in: Robert Stern (Hrsg.), *Neues Wohnen. Ein Ratgeber für jedermann*, Wien 1956

Ein wichtiges, immer wiederkehrendes Thema ihrer Artikel war der Hinweis auf die ab 1950 im Messepalast (heute Museumsquartier) gezeigte Ausstellung *Die Frau und ihre Wohnung*, die vom Wiener Frauenkomitee und anderen sozialistischen Organisationen initiiert worden war und sich an die „weniger Begüterten" richtete.[10] Aufgrund des überaus großen Publikumserfolgs wurde die Ausstellung zu einer Dauereinrichtung. Über zehn Jahre hindurch lieferten Architekt*innen Mustermöblierungen, organisierten Beratungen und Vorträge. Anlässlich der Eröffnung betonte Bürgermeister Theodor Körner, dass „wir auch eine vernünftige soziale Wohnkultur" brauchen. „Wir müssen nun auch in dieser Hinsicht viel nachholen und trachten, besonders der arbeitenden Frau ihr Leben besser zu gestalten helfen."[11] Zum einen war es ein sozialistisches Anliegen, für die berufstätige Frau eine funktionsgerechte, moderne Wohnung zu entwerfen; zum anderen waren die weitaus größere Zielgruppe die Hausfrauen und Mütter, deren eigentlicher Wirkungskreis im privaten Heim verortet wurde. Die Reaktivierung dieses konservativen Lebensmodells in den 1950er-Jahren sollte den Frauen durch eine moderne Wohnumgebung und die neuesten technischen Haushaltsgeräte schmackhaft gemacht werden. Die Wohnung der Frau sei eben nicht nur der „Schauplatz des häuslichen Lebens, sondern vorwiegend der Ort ihrer Tätigkeit und ihrer Arbeitsleistung für die Familie und den Staat", wie der Architekt Oskar Payer wissend schrieb.[12] Das „neue Wiener Möbel als Spar- und Funktionsmöbel" wurde damit werbewirksam zum erstrebenswerten „Konsumgut" überhöht;[13] die Zielgruppe waren die Frauen als Verwalterinnen des Haushaltsbudgets.

Neben Franz Schuster, Otto Niedermoser, Oskar Payer, Herma und Karl Kotal u. a. zeigten auch Peter und Maria Tölzer Mustereinrichtungen und beteiligten sich an der begleitenden Publikation *Neues Wohnen*.[14] Alle Mitwirkenden sagten den schweren, oft klobigen, raumverstellenden „Rundbaumöbeln" der Vorkriegszeit den Kampf an und plädierten für seriell produzierte Möbel. Um ihre Lösungsansätze zu veranschaulichen, griff Maria Tölzer gerne auf vergleichende Abbildungen, seien es Grundrisse oder Fotos, die die Situation vor und nach der Umplanung illustrieren, zurück. Ihre Einrichtungen bestanden aus anbaufähigen formschönen Einzelmöbeln mit klaren Umrissen, Klappbetten, Klapptischen und leichten Stuhlformen, die häufig mit Gurtengeflecht bespannt waren. Hierin gaben sich Maria und Peter Tölzer als Anhänger des dänischen und schwedischen Möbeldesigns (Finn Juhl, Hans Wegner, Lena Larsson u. a.) zu erkennen, das sie auf Studienreisen nach Skandinavien bewundert hatten.

Um die Serienproduktion in Gang zu setzen, wurde 1952 in sozialpartnerschaftlicher Zusammenarbeit der Arbeiterkammer, der Gemeinde Wien, des Österreichischen Produktivitätszentrums und des Österreichischen Gewerkschaftsbundes die Aktion „Soziale Wohnkultur" (SW) geschaffen.[15] Die neuen Möbel waren 1952 bis 1953 im Österreichischen Museum für angewandte Kunst ausgestellt. Mittels einer Publikumsbefragung ermittelte man jene Möbel, die in Serienproduktion gehen sollten. Ziel war die „Propagierung von modernen, zweckmäßigen und billigen Einrichtungsgegenständen", für deren Ankauf Kredite vergeben wurden.[16] Die sogenannten SW-Möbel waren Einzelmöbel, die je nach Wunsch und Budget kombiniert und ergänzt werden konnten und sich großer Beliebtheit erfreuten. Für die Aktion SW hatten auch Peter und Maria Tölzer Entwürfe geliefert.

1952 strebte Maria Tölzer die Architektenbefugnis an. Die Zulassung zur Ziviltechnikerprüfung wurde ihr jedoch verwehrt. Die Kommission argumentierte, dass ihr bei Franz Schuster erworbenes Architekturdiplom nicht den gesetzlichen Bestimmungen entspreche: Die geltende Ziviltechnikerverordnung von 1937 verlangte nämlich den Abschluss der Meisterschule für Architektur oder des kunsthistorischen Seminars an einer Technischen Hochschule oder der Meisterschule für Architektur an der Akademie der bildenden Künste Wien;

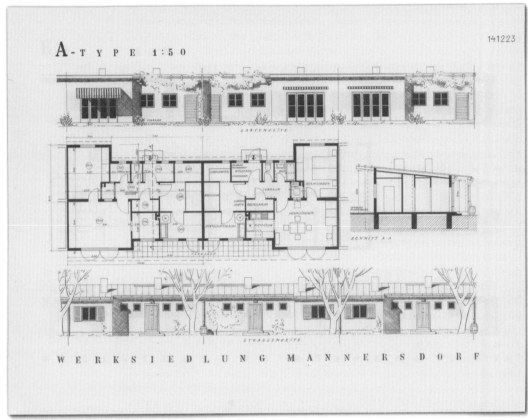

Wettbewerbsentwurf für die Mannersdorfer Werksiedlung (2. Preis), 1951, International Archive of Women in Architecture (IAWA), Virginia Tech, Blacksburg, Virginia, MS 2001-054

der Abschluss der Kunstgewerbeschule wurde als nicht ausreichend bewertet. Gegen die Ablehnung legte Maria Tölzer Berufung ein. Ihr zur Seite stand der renommierte Rechtsanwalt und sozialdemokratische Politiker Christian Broda, der 1960 zum Justizminister ernannt wurde. Tölzer und Broda vertraten die Ansicht, dass Tölzer die „höchste Ausbildung auf dem Gebiet der Architektur erreicht hätte". Die Nichtanerkennung ihres Abschlusses sei auf ein Versäumnis der letzten, 1937 erfolgten Novellierung der 2. Ziviltechnikerverordnung zurückzuführen. Damals hatte die nunmehrige Akademie für angewandte Kunst noch keinen Hochschulstatus, weshalb sie in der Verordnung nicht gelistet war. Außerdem sei es „grotesk", dass ausländische Abschlüsse als gleichwertig anerkannt würden, nicht hingegen jener der Angewandten. Darin erblickten die Beschwerdeführer*innen eine klare Benachteiligung. Alle Eingaben wurden abgewiesen. Erst 1958 erreichte Tölzer (mit Bescheid vom 9. Dezember 1958) aufgrund ihres Studien- und Praxisnachweises nach dem Ziviltechnikergesetz von 1957 (BGBl. Nr. 146/1957) die Befreiung von der Ziviltechnikerprüfung. Die Befugnis wurde ihr 1959 verliehen.[17]

Da sich Tölzer verstärkt dem Hochbau zuwenden wollte, war die Befugnis für sie von Belang. Neben diversen Wohnungseinrichtungen für private Klient*innen in Wien und Kapfenberg (Musterwohnung Schirmitzbühel 1953) plante sie Einfamilienhäuser und Siedlungen in Wien und Pernitz (1961). Beim 1951 ausgeschriebenen geladenen Wettbewerb zur Errichtung der Mannersdorfer Werksiedlung (Niederösterreich) für Werksangestellte der Perlmooser Zementwerke errang sie immerhin den zweiten Preis. Sie plante eine bungalowartige Reihenhaussiedlung mit flachen Pultdächern und großzügigen Gärten. Allerdings war ihr Lageplan, der weitgehend parallel geführte, kürzere und längere Häuserzeilen vorsah, weniger aufgelockert als jener des Wettbewerbsgewinners Roland Rainer, der in Mannersdorf 1953 ein sehr frühes Beispiel einer modernen, ökologisch und sozial vorbildlichen Siedlungsstruktur im ländlichen Raum umsetzen konnte.

Für die 1956 bis 1957 errichtete Flachbausiedlung in der Hartäckerstraße 36 in Wien-Döbling, bestehend aus neunzehn ebenerdigen, mit Einbaumöbeln ausgestatteten Wohnhäusern von Peter und Maria Tölzer sowie Walter Pieler, legte sie drei Entwürfe vor.[18] Ihre schlichten, rechteckigen Baukörper versah sie mit einem zurückspringenden, reich durchfensterten Bauteil, wodurch sich ein überdachter Terrassenplatz ergab. Diesen Bungalowtyp variierte sie 1961 bei einem Wochenendhaus in Rodaun, Am Badfeld: Indem die leicht vorspringende Dachfläche und die seitlich vorgezogenen Mauerzungen den Baukörper rahmen, bilden sie zugleich einen Schatten- und Wetterschutz für die großen Kippfenster. Ihrem sozialpädagogischen Engagement dürfte die Planung eines vierstöckigen Gesellinnenheims in Wien-Meidling in der Aichhorngasse (1964) besonders entgegengekommen sein. Pro Geschoß gab es zwölf Zimmer, eine Gemeinschaftsküche, ein Bad und drei Toiletten.

Die spannendste Aufgabe war wohl die Errichtung eines Kindergartens in der 1947 bis 1951 nach Plänen von Friedrich Pangratz, Franz Schuster, Stephan Simony und Eugen Wörle erbauten Per-Albin-Hansson-Siedlung West im Jahr 1951. Für die noch stark von den Gartenstadtideen der Zwischenkriegszeit geprägte Siedlung mit eingeschoßigen Einfamilienhäusern in Reihenhausform und zweistöckigen Geschoßwohnbauten wurden auch Wohnfolgeeinrichtungen geplant. Darunter befanden sich ein Volksheim (Franz Schuster), ein Schulbau (Hermann Stiegholzer), ein Ambulatorium (Egon Wörle) sowie eben der im südlichen Bauabschnitt der Siedlung zentral situierte Kindergarten. Tölzer wählte für den frei stehenden, eingeschoßigen flachgedeckten Bau einen hakenförmigen Grundriss, der es ihr ermöglichte, geschlossene und offene Freiräume zu schaffen und das Gebäude bestens zu belichten. Durch ihren Lehrer Schuster, dem die Stadt Wien zwei außergewöhnlich fortschrittliche

Kindergarten in der Per-Albin-Hansson-Siedlung West, Gartenseite,
Wien 10, 1947–1951, International Archive of Women in Architecture
(IAWA), Virginia Tech, Blacksburg, Virginia, MS 2001-054

Kindergarten in der Per-Albin-Hansson-Siedlung West, Terrasse, Wien 10, 1947–1951, International
Archive of Women in Architecture (IAWA), Virginia Tech, Blacksburg, Virginia, MS 2001-054

Kindergartenbauten aus unterschiedlichen Zeiten (Montessori-Kindergarten Rudolfsplatz, 1925/26; Sonderkindergarten Schweizer Spende, 1948/49) verdankt, dürfte Tölzer mit der Typologie sowie mit dem aktuellen Diskurs zur Kinderpädagogik vertraut gewesen sein. Die erhaltenen Fotos zeigen jedenfalls glückliche Kinder beim freien Spiel. Im höhenmäßig etwas abgesetzten Haupttrakt waren eine Kinderkrippe und drei mit großflächigen Sprossenfenstern belichtete Gruppenräume samt kindergerechtem Mobiliar untergebracht. Für die Kleinkinder und die Übergabe der Babys gab es getrennte Zugänge, eine Vielzahl von funktionalen Nebenräumen, eine überdachte Hof- und eine offene Gartenterrasse. Besonders großzügig war der als Erlebnisgarten konzipierte, etwas tiefer gelegene Außenraum gestaltet. Über die mit einem Natursteinsockel eingefasste Terrasse gelangte man in den Garten mit Planschbecken, Klettergeräten und einem aufgeschütteten Hügel.

Obwohl Maria Tölzer ab 1959 selbst eine Architektenbefugnis besaß, plante sie auch weiterhin Bauten mit ihrem Mann. Da der Wohnbau der Nachkriegszeit oft an Architektenteams vergeben wurde, war es naheliegend, dass die beiden kooperierten. Neben Wettbewerbsteilnahmen wie für das Bregenzer Festspielhaus 1955 (Ankauf) oder das Projekt „Wohnnachbarschaft" in Wien-Mauer 1958 (dritter Preis) betraf dies mehrere Wohnausanlagen der Gemeinde Wien, die zwischen 1956 und 1983 entstanden. Darunter befinden sich der Bauteil XI für die weitläufige Wohnsiedlung am Eisenstadtplatz in Favoriten (1959–1962), ein großes Bauprojekt auf einem Grünareal südlich des Amalienbads, wo mehrere parallel situierte, stark horizontal aufgelöste, flachgedeckte Baublöcke entstanden, oder der stärker plastisch gegliederte Ernst-Papanek-Hof in Rudolfsheim-Fünfhaus aus dem Jahr 1977.

1985 verfasste Maria Tölzer ein dreibändiges Manuskript mit dem Titel „Gestalten statt nur möblieren", in dem sie einen Überblick über ihr Lebenswerk gab. Maria Tölzer, deren Ehe kinderlos blieb, übergab ihr reich bebildertes Manuskript dem International Archive of Women in Architecture des Virginia Polytechnic Institute.

Wohnsiedlung Eisenstadtplatz, Bauteil XI, Wien 10, gemeinsam mit Peter Tölzer, 1959–1962,
International Archive of Women in Architecture (IAWA), Virginia Tech, Blacksburg, Virginia,
MS 2001-054

1 Die wichtigsten biografischen Hinweise zu Maria Tölzer: Maria Tölzer, Gestalten statt nur möblieren. Vorschläge für das Einrichten von Kleinwohnungen aus den Jahren 1947–1960, 3 Bde. (unveröffentlichtes Manuskript), Wien 1985, in: International Archive of Women in Architecture (IAWA), Virginia Tech, Blacksburg, Virginia; Universität für angewandte Kunst Wien, Kunstsammlung und Archiv (UaK), Nationale Maria Tölzer, geb. Schejbal vom 1. Oktober 1933; Archiv der Zentralvereinigung der ArchitektInnen Österreichs (ZV), Mitgliedsakt Maria Tölzer.

2 Helmut Weihsmann, Das Rote Wien. Sozialdemokratische Architektur und Kommunalpolitik 1919–1934, Wien 2002, 2. Aufl., S. 206, 285, 424.

3 UaK, Abschlusszeugnis Maria Tölzer, Paul Kirnig, Gesamturteil vom 30.6.1938.

4 Monika Platzer, Schatten der Vergangenheit. Wien nach 1945. Eine zweite Fassung der „Perle"?, in: Architekturzentrum Wien, Ingrid Holzschuh, Monika Platzer (Hrsg.), „Wien. Die Perle des Reiches". Planen für Hitler, Ausstellungskatalog Architekturzentrum Wien, Zürich 2015, S. 52–58.

5 Tölzer, Gestalten, 1985, Bd. 1, o. S.

6 Ibid.

7 Ibid.

8 Wiener Stadt- und Landesarchiv, Stadtbauamt, Stadtbaudirektion, MD-BD, Ziviltechnikerprüfung, A 22 1960–80, Maria Tölzer, Lebensbeschreibung vom 24.5.1952.

9 Archiv ZV, Mitgliedsakt Maria Tölzer, Vortrag 1961.

10 I. e., „Die Frau und ihre Wohnung". Eine interessante Ausstellung im Wiener Messepalast, in: Neues Österreich, 2.12.1950, S. 4.

11 Meldungen der Rathauskorrespondenz, „Die Frau und ihre Wohnung" – Bürgermeister Körner eröffnet die Ausstellung im Messepalast, 2.12.1950, www.wien.gv.at/presse/historische-rk/1950/-/asset_publisher/wlyuW1CMwd9x/content/dezember-1950?redirect=%2Fweb%2Fpresse%2Fhistorische-rk%2F1950&inheritRedirect=true (Zugriff 18.4.2022).

12 Oskar Payer, Auf dem Weg zur sozialen Wohnkultur, in: Robert Stern (Hrsg.), Neues Wohnen. Ein Ratgeber für jedermann, Wien 1956, 2. Aufl., S. 32.

13 Monika Platzer, Kalter Krieg und Architektur. Beiträge zur Demokratisierung Österreichs nach 1945, Ausstellungskatalog Architekturzentrum Wien, Zürich 2019, S. 134–137, hier S. 134.

14 Siehe Anmerkung 11.

15 Eva B. Ottillinger, Möbeldesign der 50er Jahre. Wien im internationalen Kontext, Wien 2005, S. 51–57.

16 Payer, Wohnkultur, 1956, S. 32.

17 17 AT-OeStA, AdR, HBbBuT BMfHuW Titel ZivTech S–Z, Tölzer, Maria, 10461–10463.

18 O. A., Einfamilienhäuser im Flachbau, in: Der Aufbau, Heft 9, 1958, S. 339–341. In dem Artikel wird nur Peter Tölzer als Architekt angeführt. Im Manuskript von 1985 führt Maria Tölzer jedoch drei Bauten der Siedlung unter ihrem Namen an.

Porträtfoto Ilse Vana-Schiffmann,
1960er-Jahre, Privatbesitz

Ilse Vana-Schiffmann
1927–2005

Text von Ingrid Holzschuh

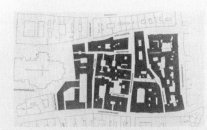

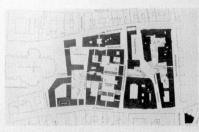

225 Das „Blutgassen-Viertel" östlich der Ste-
phanskirche in seinem gegenwärtigen Zustand

226 Der vom Preisrichter-Kollegium einstimmig mit
dem ersten Preis ausgezeichnete Sanierungsvorschlag

WETTBEWERB
ZUR SANIERUNG EINES
ALTSTADTVIERTELS
VON WIEN

Höchste Erregung rief vor einiger Zeit der von einer
Wiener Magistratsabteilung gestellte Antrag auf Demo-
lierung eines für die Gesamtatmosphäre des umgebenden
Stadtgebietes sehr bedeutsamen alten Hauses in der
Schönlaterngasse hervor. Das Bundesdenkmalamt ver-
weigerte seine Zustimmung und stoppte damit die
Angelegenheit. Es begnügte sich dabei nicht mit dem
negativen Bescheid, sondern ließ auch von einem
Architekten eine Sanierungsskizze anfertigen, die den
einwandfreien Beweis erbrachte, daß es gut möglich ist,
durch entsprechende Abtragungen im Hofe und Umbauten

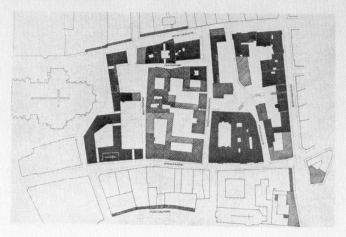

227, 228 Architekten
Prof. Siegfried Theiss-
Hans Jaksch-Dr. Walter
Jaksch, Mitarbeiterin
Dipl. Ing. Dr. Ilse Vana-
Schiffmann, 1. Preis

Wettbewerb Blutgassenviertel (1. Preis), gemeinsam mit Büro Theiss und Jaksch, 1956, in: *Der Bau*,
Heft 9/10, 1956

Ilse Vana-Schiffmann wurde am 17. August 1927 als Tochter von Vilma und Friedrich Schiffmann, einem Zivilingenieur für Vermessungstechnik, in Wien geboren. Sie besuchte nach der Volksschule das Realgymnasium, in der Zeit des Nationalsozialismus „Oberschule für Jungen", in der Radetzkystraße 2 in Wien-Landstraße.[1] Das Gymnasium absolvierte sie in der Zeit des Nationalsozialismus und legte in den Kriegsjahren, im November 1944, die „Kriegsmatura"[2] ab. Unmittelbar darauf wurde sie für einige Monate in den Reichsarbeitsdienst berufen und leistete bis Kriegsende Hilfsdienst bei der Wiener Straßenbahn.[3] Ihr offizielles Maturazeugnis erhielt sie am 22. Juni 1945, und im Herbst inskribierte sie sich an der Technischen Hochschule Wien (TH Wien) in der Studienrichtung Architektur. Wie damals vorgeschrieben, begann sie mit einem „Überbrückungskurs" und wurde 1946 nach der Überprüfung durch die „Kommission zur politischen Beurteilung der Studierenden" und nach einem geleisteten Arbeitseinsatz von sechzehn Stunden zum Studium zugelassen.[4]

Ihre erste Staatsprüfung an der TH Wien absolvierte Schiffmann erfolgreich am 2. Februar 1948. Anschließend begann sie als „Werkstudentin" im Atelier von Siegfried Theiss und Hans Jaksch zu arbeiten. Ihre ersten Praxiserfahrungen sammelte sie in der Zeit des Wiederaufbaus der Stadt und des damit zusammenhängenden wirtschaftlichen Aufschwungs der Baubranche. Somit war Siegfried Theiss für sie nicht nur ein wichtiger Lehrer für den theoretischen Entwurf an der Hochschule, sondern auch für jenen des angewandten in der Baupraxis. Während ihrer Tätigkeit im Büro von Theiss und Jaksch wurden Projekte wie das Wohnhaus der Alpinen Montan in der Gerlgasse in Wien-Landstraße (1950), die Schule in der Schäffergasse in Wien-Wieden (1949), eine Wohnhausanlage der Gemeinde Wien in der Raaber-Bahn-Gasse in Wien-Favoriten (1950–1956) und zahlreiche Wiener Filialen der Firma Palmers (1947–1950) umgesetzt.[5] In einem im Jahr 1953 erstellten Lebenslauf beschreibt sie ihr Aufgabengebiet im Büro folgendermaßen: „In diesen 5 Jahren habe ich mit allen einschlägigen Arbeiten, wie Einreich-, Polier-, Detailplänen, Kostenvoranschlägen, Bauleitung, Wettbewerben etc., zu tun gehabt."[6]

Im Januar 1952 legte Schiffmann die zweite Staatsprüfung ab und beendete damit das Studium der Architektur an der TH Wien.[7] Anschließend inskribierte sie sich an der zweisemestrigen Meisterschule von Siegfrigen Theiss,[8] die damals die Voraussetzung zur Erlangung der Befugnis einer Zivilarchitektin bzw. eines Zivilarchitekten war.[9] Die sogenannte Meisterschule unterhielt Theiss in seinen Atelierräumlichkeiten in der Altgasse in Wien-Hietzing, wo seine Student*innen nicht nur an ihren Dissertationen, sondern auch an seinen Büroprojekten arbeiteten. Theiss förderte seine Meisterschüler*innen und unterstützte sie beim Eintritt in wichtige Berufsnetzwerke wie das der Zentralvereinigung der Architekten Österreichs (ZV). Er selbst war von 1917 bis 1931 ZV-Präsident und übernahm ab 1951 wieder diese Aufgabe. Auch Schiffmann suchte bei der ZV um Aufnahme an und wurde im Mai 1952 als außerordentliches Mitglied aufgenommen.[10] Die Wertschätzung für die Arbeit der jungen Architektin äußerte sich in Theiss' Angebot, sie als wissenschaftliche Hilfskraft an der Hochschule anzustellen und ihn in der Lehre zu unterstützen. Im Juli 1953 trat sie schließlich ihre Stelle am Institut für Gebäudelehre an, die sie bis Sommer 1955 innehatte.[11] Wenige Monate später, im September 1953, heiratete sie ihren Kollegen, den Architekten Kurt Vana (1923–2022), der bereits seit Ende der 1940er-Jahre als Büropartner im Architekturbüro seines Vaters Heinrich Vana[12] mitarbeitete.

Am 4. Mai 1955 schloss Vana-Schiffmann die Meisterschule der TH Wien ab.[13] Der Titel ihrer Dissertation lautete „‚Das Bauzentrum'. Untersuchung über die Entwicklung und den Stand der europäischen Bauforschungsorganisationen in Hinblick auf die Errichtung eines Österreichischen Bauzentrums". Die Schrift beschäftigt sich mit der Entstehung der europäischen Bauzentren, die sich durch die Rationalisierung und die Erneuerungen im Bauwesen im

Ilse Vana-Schiffmann

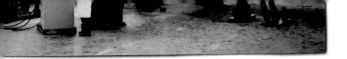

Pensionistenheim Liebhartstal, Wien 16, gemeinsam mit Otto Nobis, 1967, Privatbesitz

Speisesaal, Pensionistenheim Liebhartstal, Wien 16, gemeinsam mit Otto Nobis, 1967, Privatbesitz

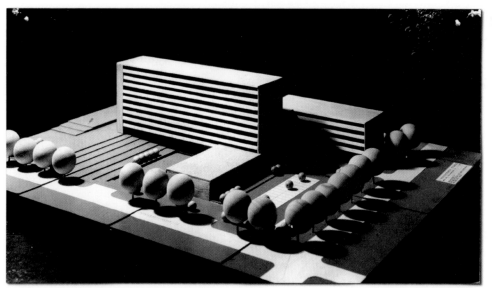

Modell, Pensionistenheim Liebhartstal, Wien 16, gemeinsam mit Otto Nobis, um 1967, Privatbesitz

20. Jahrhundert entwickelten und sich vor allem dem Thema der Bauforschung widmeten. Diese Bauforschungsinstitutionen wurden in den meisten Ländern während des Zweiten Weltkriegs und unmittelbar danach eingerichtet, und auch in Österreich wurde schließlich 1957 von einer Vereinigung von Verbänden der Baustoffindustrie und des Baugewerbes das Österreichische Bauzentrum etabliert. Ob die Dissertation von Vana-Schiffmann für die Gründung eine Grundlage schuf, bleibt offen. Faktum ist, dass ihr Lehrer Siegfried Theiss als langjähriger ZV-Präsident maßgeblich zur Entstehung des Österreichischen Bauzentrums beitrug. Die Aufgabe dieser Institution, die in den Räumlichkeiten des Gartenpalais Liechtenstein in Wien-Alsergrund untergebracht war, lag darin, in der Zeit des Wiederaufbaus einen Überblick über den Baumarkt zu vermitteln, eine Dokumentationsstelle zu führen, Fachausstellungen zu veranstalten, einen Informations- und Beratungsdienst abzuwickeln und einschlägige Publikationen herauszugeben. Bis zu seiner Schließung 1978 war das Österreichische Bauzentrum die wichtigste Vermittlungsplattform zum Thema Baukultur. Zwischen der ZV und dem Bauzentrum gab es eine enge Zusammenarbeit, und es wurde gemeinsam eine Vielzahl an Veranstaltungen abgehalten. Es ist daher naheliegend, dass der Anstoß zu diesem aktuellen Dissertationsthema von ihrem Lehrer Theiss kam und sich Vana-Schiffmann aufgrund ihrer guten Sprachkenntnisse für dieses Thema als Dissertantin besonders gut eignete.

Nachdem Theiss seine vierjährige Tätigkeit als Honorarprofessor (1951–1955) mit 73 Jahren beendete und eine „Umgruppierung der Lehrverpflichtungen"[14] erfolgte, wurde Vana-Schiffmanns Dienstverhältnis an der TH Wien von Erich Boltenstern, dem neuen Lehrkanzelvorstand, nicht mehr weiter verlängert und endete deshalb 1955.[15] Ihre berufliche Tätigkeit konzentrierte sich ab nun auf die Mitarbeit im Büro von Siegfried Theiss, Hans und Walter Jaksch, wo sie sich als Entwurfsarchitektin etablierte. Ihren ersten großen Erfolg feierte sie 1956 mit dem Wettbewerbsprojekt für die Neugestaltung des Blutgassenviertels (Blutgasse/Singerstraße/Grünangergasse/Domgasse) in der Wiener Innenstadt, bei dem sie gemeinsam mit Siegfried Theiss, Hans und Walter Jaksch den ersten Preis erzielte. Der Lageplan zeigt eine großflächige Entkernung der historischen Substanz und neue Gebäudegruppen, die eine interessante städtebauliche Situation mit verschieden gestalteten Innenhöfen schaffen, in denen Kinderhorte, Tagesheimstätten, Klubräume, ein Heimatmuseum und Flächen für Gewerbebetriebe untergebracht sind. Die publizierte Perspektive des Siegerprojekts zeigt den Blick auf den Stephansdom, im Vordergrund die neuen gestaffelten Baukörper mit Lochfassaden und Satteldächern.[16] Dabei überwiegt eine konservative, traditionelle Architektursprache, die durch wenige moderne Elemente wie die der filigranen Vorbauten und Übergänge aufgebrochen ist. Zur Ausführung des Projekts kam es in der Folge jedoch nicht.

Im darauffolgenden Jahr entschied sich Vana-Schiffmann für den Weg der Selbstständigkeit. Nachdem sie die Befugnis als Ziviltechnikerin erhielt, eröffnete sie ihr eigenes Atelier in der Unteren Weißgerberstraße 48 in Wien-Landstraße.[17] 1962 begann sie mit der Umsetzung ihres ersten großen öffentlichen Auftrags, eines kommunalen Wohnbaus in der Edergasse 1–3 in Wien-Floridsdorf. Unter dem Slogan „Wien soll reiner und heller" werden, der eine Anspielung auf das neue Zweigespann von Stadtplaner Roland Rainer und Baustadtrat Kurt Heller war, wollte die Stadt Wien im Gemeindebau neue Wege beschreiten. Es kam zu einem regelrechten Aufschwung des Gemeindebaus, wobei ein wichtiger Aspekt war, dass auch junge Architekt*innen die Möglichkeit erhielten, einen Auftrag zu bekommen, und oftmals in Arbeitsgemeinschaften zusammengewürfelt wurden. So auch im Gemeindebau Edergasse 1–3, für den Vana-Schiffmann gemeinsam mit Josef Hirner, Alexis Franken, Josef Vytiska, Karl Eder, Josef Ludwig Kalbac, Karl Wegscheider, Richard Gach, Kurt

Institutsgebäude der Versuchs- und Forschungsanstalt der Stadt Wien, gemeinsam mit Kurt Vana, 1969, Privatbesitz

Pensionistenheim Penzing, Wien 14, gemeinsam mit Otto Nobis, 1973/74, Privatbesitz

Pensionistenheim Jedlersdorf, Wien 21, gemeinsam mit Otto Nobis, 1983, Privatbesitz

Modell, Pensionistenheim Jedlersdorf, Wien 21, gemeinsam mit Otto Nobis, 1980–1983, Privatbesitz

Steiner und Leopold Liebl beauftragt wurde. Der östlich der Brünner Straße verlaufende Wohnbau ist in mehrere Bauteile gegliedert. Ein lang gestreckter Trakt entlang der Berzeliusgasse schließt die Wohnhausanlage nach Osten hin ab.[18] Die Gliederung des lang gestreckten, viergeschoßigen Wohnbaus erfolgt durch über die gesamte Fassade geführte Wandrücksprünge, denen großzügige Balkone vorgelagert sind, womit eine starke Raumtiefe erzeugt wird. Großzügige Fenster- und Balkonflächen sorgen für eine gute Belichtung der Wohnräume.

1967 folgte der erste Neubau eines städtischen Pensionistenheims, des Hauses Liebhartstal I (Thaliastraße 157, Wien-Ottakring, 1967–1969), ein Projekt, das Vana-Schiffmann in Arbeitsgemeinschaft mit Otto Nobis plante und umsetzte. Der um dreizehn Jahre ältere Nobis stammte wie Vana-Schiffmann aus dem Ausbildungs- und Berufsnetzwerk um Siegfried Theiss. Er war in der Zeit des Nationalsozialismus Mitarbeiter in dessen Büro und machte sich mit Alfred Dreier, einem ehemaligen Theiss-Assistenten, nach dem Krieg selbstständig. Nobis war ab 1964 maßgeblich am Bau des Schwesternheims und des neuen Wiener Allgemeinen Krankenhauses (AKH) in Wien-Alsergrund beteiligt und damit in der Planung von Gesundheitsbauten erfahren. Für Vana-Schiffmann war es eine neue Bauaufgabe, die sie mit dem Thema des altersgerechten Bauens erstmals in Berührung brachte.

Mit dem Titel „Hotelkomfort – sozial gestaltet" wurde die neue Wohnform für alte Menschen im Prospekt für das Pensionistenheim Liebhartstal beworben.[19] Insgesamt 195 Einzelapartments und 25 Zweiraumwohnungen entstanden auf einer Gesamtgrundfläche von 12.000 Quadratmetern. Das Baumodell zeigt die gelungene städtebauliche Lösung der zueinander verschobenen und parallel gesetzten Bauformen, eines zehngeschoßigen und eines fünfgeschoßigen Bauteils, deren Architektur von der klaren geometrischen Sprache der Nachkriegsmoderne definiert ist. Die Gliederung der längs ausgerichteten Fassaden erfolgt mit dem horizontalen Band der durchgehenden Loggienbrüstungen, die im Kontrast zu den dahinterliegenden Wandflächen ein spannendes gestalterisches Element erzeugen. Ein abgebildeter Grundriss im Prospekt verweist auf die Wohneinheit, die aus Vorraum, Wohnraum und Bad besteht. Großzügig gestaltete Fenster- und Türflächen erweitern den Innenraum auf die Loggia nach außen.

Das Thema „Besseres Wohnen für alte Menschen" und die Frage, was Architekt*innen dazu beitragen können, begleitete Vana-Schiffmanns Auseinandersetzung mit der neuen Bauaufgabe, die durch die steigende Überalterung der Bevölkerung und die gesellschaftlichen Veränderungen in den 1960er-Jahren zu einem aktuellen Thema in der Architektur wurde. Sie verfasste dazu mehrere Texte, in denen sie darauf verweist, dass bei der Gestaltung von Altersheimen die Wohnformen auf die „Bedürfnisse der betagten Menschen" abgestimmt werden müssen und damit verschiedene Arten von Wohnungsformen (Kleinwohnung im allgemeinen Wohnverband, Altenwohnung, Altenwohnheim) notwendig sind. Verwiesen wird auch auf die Wichtigkeit der Gemeinschaftsräume für den gemeinsamen Aufenthalt und die Kommunikation. Es geht nicht nur um die Lösung einer guten architektonischen Form, sondern diese Bauaufgabe ist auch in einem größeren städtebaulichen Kontext zu betrachten.

So schreibt Vana-Schiffmann in einem unveröffentlichten Text mit dem Titel „Altenwohnheime in Wien": „Das Hauptanliegen der Planung war, durch lebendige, maßstäbliche Gliederung der Gebäudekomplexe und Platzräume Geborgenheit und Identifikation im Binnenbereich sowie gleichzeitige und gleichwertige Hinwendung aller Bewohner zu erzielen. Der altersbedingt eingeengte Lebensraum des alten Menschen muß nicht nur alle entsprechenden Voraussetzungen der architektonischen Gestaltung, des Komforts und der

Ilse Vana-Schiffmann

geriatrischen Erkenntnisse erfüllen, sondern muß als wesentlicher sozialer Faktor auch innerhalb der organischen Verflechtung und Integration des Stadtraumes Berücksichtigung finden."[20] In einem anderen Text schreibt sie weiters: „Dieser Lebensraum im Kleinen muß aber auch, ein ganz wesentlicher und sozialer Faktor, organisch in den städtischen, weiteren Umraum und damit wieder in unsere Gesellschaft eingegliedert sein."[21] Vor diesem Hintergrund entstanden von 1968 bis 1983 die Neubauten der städtischen Pensionistenheime Döbling (Pfarrwiesengasse 23, 1968–1970; Erweiterungsbau 1973–1975), Penzing (Dreyhausenstraße 29, 1972–1974) und Jedlersdorf (Jedlersdorfer Straße 98 in Wien-Floridsdorf, 1980–1983), die Vana-Schiffmann gemeinsam mit Otto Nobis umsetzte.

Neben den Planungen der Pensionistenheime wurden in den 1960er- und 1970er Jahren mehrere Wohnhäuser (Villa „Primavesi", Wohnhaus Fuchsig, Wohnhaus Fischbacher; mit Kurt Vana),[22] das Institutsgebäude der Versuchs- und Forschungsanstalt der Stadt Wien (1969; mit Kurt Vana), Dachausbauten, Wohnungseinrichtungen, Möbelentwürfe, Ausstellungen, Gedenkstätten, ein Büro- und Schulungsgebäude für ein Versicherungsinstitut, Pflegeheime, Rekonvaleszentenheime und andere Projekte realisiert.[23]

Vana-Schiffmann war nicht nur eine erfolgreiche Architektin, sondern auch Mutter von vier Kindern – eine besondere Herausforderung, die sie mit guter Organisation und tatkräftiger Unterstützung der Großeltern meisterte. Ihr Sohn Gerhard erinnert sich in einem Gespräch, dass er und seine Geschwister immer in den Sommerschulferien mit den Großeltern auf Urlaub fuhren, da dies die Hochzeit im Baugewerbe war und seine Eltern ihre Baustellen abwickeln mussten. Dabei betont er, dass seiner Mutter die Selbstständigkeit mit eigenem Atelier – unabhängig von ihrem Mann – immer sehr wichtig war.[24]

In den 1980er-Jahren begann Vana-Schiffmanns Zusammenarbeit mit ihrem Sohn Gerhard Vana, der Architektur studiert und wie die Eltern den Weg in die Selbstständigkeit eingeschlagen hatte. In Arbeitsgemeinschaft mit ihm beteiligte sie sich 1983 unter anderem an dem Wettbewerb zum Neubau der Finanzlandesdirektion Salzburg. Kurz darauf trat auch die Architektin Karin Müller-Reineke in die Bürogemeinschaft ein, und es folgte eine Vielzahl von gemeinsamen Projekten und Teilnahmen an Wettbewerben, darunter mehrere Einzelbauten,[25] aber auch städtebauliche Projekte wie das Museumsquartier Wien (1987), das Areal der Technischen Universität Wien auf den Aspanggründen (1989) oder die Expo in Wien (1991). 1988 nahm die generationenübergreifende Architektengemeinschaft gemeinsam mit Kurt Vana erfolgreich am Wettbewerb (erster Preis) für die Sanierung des Ringturms teil, die 1990 begann und 1993 abgeschlossen war. Vana-Schiffmann arbeitete bis 1998 im Atelier mit und ging nach vierzigjähriger Selbstständigkeit in ihren wohlverdienten Ruhestand.

Ihre beruflichen Aktivitäten als freischaffende Architektin waren begleitet von einer Vielzahl an Funktionen in der Ingenieurkammer. Seit 1982 war sie stellvertretende Vorsitzende der Architektensektion der Ingenieurkammer für Wien, Niederösterreich und Burgenland und langjähriges Mitglied des Kammertages. Sie übte Prüf- und Jurytätigkeiten aus, war Mitglied von Wahlkommissionen, Vorsitzende des Schlichtungsausschusses der Ingenieurkammer und Prüfungskommissärin für die Abnahme der Zilviltechnikerprüfung.[26]

Ilse Vana-Schiffmann war eine Architektin, die sich in ihren Bauten und Projekten mit aktuellen Fragestellungen der Architektur und des Städtebaus auseinandersetzte und mit ihrem jahrzehntelangen Engagement in der Ingenieurkammer für die Interessen ihrer Berufsgruppe persönlich eintrat.

1 O. A., Geschichte der Schule, www.grg3rad.at/index.php/homepage/geschichte-der-schule (Zugriff 15.3.2022). Im Gymnasium Radetzkygasse 2 wurde nach dem „Anschluss" Österreichs im März 1938 die Hälfte der Lehrkräfte (19 von 38) entlassen. Die Schule wurde vom April bis zum Sommer 1938 eine „Sammelschule" für jüdische Kinder und Jugendliche.

2 Archiv der Zentralvereinigung der ArchitektInnen Österreichs (ZV), Mitgliedsakt Ilse Vana-Schiffmann, Fragebogen vom 15.12.1952.

3 Ibid.

4 „Genannte gab in ihrer eidesstattlichen Erklärung an: JM 1938 bis 1944 Scharführerin. Auf die Frage nach Überstellung (da Jahrgang 1927) gab Frl. Schiffmann zu, 1944 einen Antrag auf Aufnahme in die NSDAP gestellt zu haben. Laut eigenen Angaben erfuhr sie von der Erledigung ihres Antrages nichts." Aus: Archiv der Technischen Universität Wien (TU Wien), Verhandlungsprotokoll vom 25.5.1946, Studienunterlagen Ilse Schiffmann. Schiffmann wurde aufgrund des Erlasses des Bundesministeriums für Unterricht, Zl. 3040/III-46 vom 2.2.1946 zugelassen und hatte bis spätestens 31.10.1946 einen Arbeitseinsatz von sechzehn Stunden wöchentlich durch drei Monate zu leisten. Der Arbeitseinsatz wurde vermerkt und es wurde bestätigt, dass dieser bis 28.9.1946 geleistet wurde. Siehe Archiv TU Wien, Studienblatt Ilse Schiffmann.

5 Ursula Prokop, Siegfried Theiss, www.architektenlexikon.at/de/641.htm (Zugriff 10.3.2022).

6 Archiv TU Wien, Personalakt Ilse Schiffmann, Personalstandesblatt, Lebenslauf, der von ihr für ihre Bewerbung als wissenschaftliche Hilfskraft erstellt wurde.

7 Archiv TU Wien, Studienblatt Ilse Schiffmann. Ilse Schiffmann legte am 10.1.1952 die zweite Staatsprüfung ab.

8 Ibid.

9 „Der Studiennachweis zur Erlangung der Befugnis eines Zivilarchitekten wird durch das Zeugnis über die erfolgreiche Zurücklegung der Meisterschule für Architektur oder des kunsthistorischen Seminars an einer Technischen Hochschule oder einer auf Grund des Erlasses des Bundesministeriums für Unterricht vom 31. Dezember 1923, Z. 4507/I, eingerichteten Meisterschule für Architektur an der Akademie der bildenden Künste erbracht." Aus: BGBl. Nr. 21/1925, S. 145 f.

10 Archiv ZV, Mitgliedsakt Ilse Vana-Schiffmann, Schreiben an Vana-Schiffmann vom 14.5.1952. Ihre Mitgliedschaft endete laut Karteikarte 1977.

11 Archiv TU Wien, Personalakt Ilse Schiffmann, „1.7.1953 bis 31.7.1955 wissenschaftliche Hilfskraft an der TH Wien".

12 Ursula Prokop, Heinrich Vana, www.architektenlexikon.at/de/662.htm (Zugriff 27.1.2022).

13 Archiv TU Wien, Akt Rigorosum Ilse Vana-Schiffmann.

14 Archiv TU Wien, Personalakt Ilse Schiffmann, Personalbogen/Familienstand. Schreiben des Rektors vom 30.7.1955 an Ilse Vana-Schiffmann.

15 Ibid., Schreiben des Rektors vom 30.7.1955 an das Bundesministerium für Unterricht.

16 O. A., Ideenwettbewerb Sanierung Wien-Innere Stadt, in: Der Aufbau, Heft 10, 1956, Wien, S. 427–432, hier S. 428.

17 Archiv der Ingenieurkammer, Mitgliedsakt Ilse Vana-Schiffmann, Schreiben Vana-Schiffmann betreffend die Kanzleieröffnung vom 11.1.1957.

18 O. A., Edergasse 1–3, www.wienerwohnen.at/hof/1514/Edergasse-1-3.html (Zugriff 28.3.2022).

19 Privat, Archiv Ilse Vana-Schiffmann, Prospekt Pensionistenheim Liebhartstal, o. J.

20 Ibid., Typoskript mit dem Titel „Altenwohnheime für Wien", verfasst von Ilse Vana-Schiffmann, o. J.

21 Ilse Vana-Schiffmann, Besseres Wohnen für alte Menschen – und was der Architekt dazu beitragen kann, in: Elise Sundt, Monika Klenovec et al. (Hrsg.), Ziviltechnikerinnen, Wien 1982, S. 98–101, hier S. 100.

22 Privat, Vana-Schiffmann, Projektliste von Ilse Vana-Schiffmann.

23 Vana-Schiffmann, Besseres Wohnen, 1982, S. 98.

24 Gespräch der Autorin mit Architekt Gerhard Vana am 19.10.2021.

25 Privat, Vana-Schiffmann. Weitere Projekte von der Projektliste von Ilse Vana-Schiffmann: Gemeindebau Vorgartenstraße (1984, Wettbewerb; mit Kurt Vana, Gerhard Vana, Karin Müller-Reineke), Technisches Museum Wien Lokomotivfabrik Floridsdorf (1985, Gutachten; mit Gerhard Vana, Karin Müller-Reineke), Seniorenheim Eugendorf (1992, Wettbewerb; mit Gerhard Vana, Karin Müller-Reineke), Pensionistenheim Tamariske-Sonnenhof (1992?; mit Heinz Scheide?), Bundesanstalt für Lebensmitteluntersuchung und Forschung (1993, Wettbewerb [Ankauf]; mit Gerhard Vana, Karin Müller-Reineke), Wohnhaus Junk-Jantsch (1994; mit Kurt Vana, Gerhard Vana, Karin Müller-Reineke), Wohnhaus Kutsche (1994, Projekt; mit Gerhard Vana).

26 Privat, Vana-Schiffmann, Lebenslauf Ilse Vana-Schiffmann mit Werdegang, Bauten und Funktionen.

Die Präsidentinnen der Zentralvereinigung der ArchitektInnen Österreichs

Marta Schreieck und Maria Auböck im Gespräch mit Ingrid Holzschuh

Marta Schreieck und Maria Auböck, 2022, Foto: Paul Bauer

Marta Schreieck ZV-Präsidentin von 2007 bis 2017
Maria Auböck ZV-Präsidentin seit 2017

Seit wann seid ihr Mitglied in der Zentralvereinigung der ArchitektInnen
Österreichs (ZV), und wann habt ihr eine Funktion in der ZV übernommen?

Marta Schreieck (MS) Ich hatte den ersten Kontakt zur ZV in meiner Studienzeit,
als ich zu einer Ausstellung in die ZV in der Salvatorgasse eingeladen wurde.
Die ZV hat mit der Möglichkeit der Projektpräsentation junge Student*innen
gefördert, was für uns natürlich eine große Auszeichnung war. Roland Rainer,
bei dem ich ja studierte, machte damals sogar die Einführung. Mitglied wurde
ich dann erst im Jahr 2000, als ich gefragt wurde, ob ich Interesse hätte, mich im
Vorstand der ZV Wien, Niederösterreich, Burgenland zu engagieren. 2007 habe
ich mich dann bei der Wahl für die Präsidentschaft als Kandidatin aufstellen
lassen und bin bei der Bundesversammlung zur Präsidentin der ZV Österreichs
gewählt worden. Nach zehn Jahren war es für mich dann genug; ich bin 2017
nicht mehr zur Wahl angetreten, bin aber weiterhin im Vorstand der ZV Wien,
Niederösterreich, Burgenland tätig.

Maria Auböck (MA) Ich war auch seit meiner Studienzeit – wie auch schon mein
Vater – ZV-Mitglied und habe damals schon mit großem Interesse die Vorträge
in der ZV besucht. Ab 1985 war ich dann Mitglied des Vorstands, Ernst Hoffmann
hat mich, Rudolf Szedenik und Rüdiger Lainer als neue Vorstandsmitglieder
mit ins Boot geholt. Gustav Peichl empfahl gleichzeitig Martin Kohlbauer. Es
gab damals einen kompletten Austausch, vom alten Vorstand verblieben nur
mehr Eugen Wörle und Franz Kiener. Damals war Eugen Wörle ZV-Präsident, der
später von Hans Hollein als Präsident abgelöst wurde. Wörle war sehr tolerant
gegenüber der jungen Generation und hat uns viel machen lassen. Ihm war
eine inspirierende Gesprächskultur im Verein wichtig, damit wurde er uns zum
Vorbild. Wir haben viele neue Aktivitäten in der ZV gesetzt, wie Ausstellungen,
Vortragsreihen und Diskussionen zu aktuellen Fragen der Stadtplanung. Da wir
Jungen großteils aus der gleichen Ausbildungsstätte – der TU Wien – kamen,
waren wir uns sehr freundschaftlich verbunden. Das war in der Generation
davor etwas anders, weil viele Kolleg*innen ihre Ausbildung an der Akademie
und der Angewandten absolviert hatten.

Welche Motivation hattet ihr, die Präsidentschaft zu übernehmen?

MS Ich bin vom damaligen Präsidenten Hans Hollein gefragt worden, ob ich
die Präsidentschaft übernehmen möchte. Ich habe lange überlegt und war mir
nicht sicher, ob ich es machen soll, da in dieser Zeit die Architekturhäuser in
den Bundesländern schon sehr aktiv waren und ich mir die Frage stellte, welche
Aufgabe die ZV dabei noch haben könnte. Ich war ja davor schon im Vorstand
der ZV und habe Hollein als Präsident miterlebt. Er war eine interessante Persönlichkeit, hat es aber nicht geschafft, die Landesverbände der ZV zu vereinen. Das
zu verändern war dann doch für mich eine starke Motivation, die Präsidentschaft
anzunehmen. Und der zweite Punkt war der Ablauf des Juryverfahrens für den
ZV-Bauherrenpreis, den mittlerweile wichtigsten Architekturpreis Österreichs.
Ich war selber öfters bei den Jurys dabei, und ich war unzufrieden damit, dass
man die Bewertung lediglich anhand von Präsentationstafeln vornahm und
keinen unmittelbaren Kontakt zur Architektur suchte. Das wollte ich verändern,
und das war schwierig, denn die anderen Landesverbände haben sich nicht
gleich dafür begeistern können. Ich war jedoch der Meinung, dass wir, wenn

Marta Schreieck, 2022, Foto: Paul Bauer

Die Präsidentinnen der ZV Österreichs im Gespräch

der Preis als seriöser Architekturpreis anerkannt werden soll, alle Projekte vor Ort besichtigen müssen, und da wollte ich auch keine Kompromisse eingehen. Das war mir ein sehr großes Anliegen. Und natürlich die Zusammenarbeit mit den Bundesländern, die immer sehr konstruktiv und produktiv war. Irgendwann fehlten mir jedoch die Energie und die Vision für die Zukunft, und da entschloss ich mich, nicht mehr zur Verfügung zu stehen.

MA Gerne möchte ich ergänzen, dass wir damals – ohne digitale Medien – das Vereinsleben vor allem durch persönliche Begegnungen aktivieren konnten, das war mit Reisen verbunden! Ich konnte in den 1990er-Jahren nur selten an den jährlichen Bundesversammlungen der Landesverbände teilnehmen – mir wurde damals klar, dass die Erhaltung des föderalistischen Systems der ZV in seiner Vielfalt einen reichen Schatz für die Baukultur in Österreich bildet.

Marta, hattest du mit Widerständen zu kämpfen, weil du die erste Frau an der Spitze der ZV wurdest?

MS Ich habe das ehrlich gesagt nie so wahrgenommen, dass ich als Frau anders behandelt werde, weder in der ZV noch in meiner Arbeit. Das war schon in meiner HTL-Zeit so, da habe ich von Anfang an klargestellt, dass ich als Mädchen nicht anders behandelt werden möchte als die Buben. Versuche von der ausschließlich männlichen Lehrerschaft hat es schon gegeben – dagegen war ich allergisch –, das war eine gute Schule fürs eigene Selbstverständnis. Und bei der Wahl zur ZV-Präsidentin hat es auch keine Diskussionen gegeben, und alle waren mir gegenüber sehr wohlwollend eingestellt. Es gab ja schon vor mir Frauen im Vorstand wie Maria Auböck, Margarethe Cufer und Bettina Götz.

Was hat dich an der Aufgabe der Präsidentschaft bzw. an der Institution der ZV interessiert?

MS Mich hat an der ZV interessiert, dass man mehr tagespolitisch eingreifen konnte, wenn es darum ging, zu einem Thema Stellung zu nehmen. Was aber auch schwierig ist, weil die Interessen der einzelnen Vorstandsmitglieder nicht immer übereinstimmen. Diese Rolle habe ich sehr wichtig gefunden, zu Fehlentwicklungen Stellung zu nehmen und sich gegenüber der Stadt auch zu positionieren. Mir ist wichtig, wenn man solche Positionen bekleidet, diese nicht zum eigenen Vorteil auszunutzen, das widerstrebt mir. Man muss einfach kritisch bleiben und das tun, was für die Architektur und Baukultur am besten ist.

Das vorliegende Buch handelt von den Pionierinnen der ZV. Gab es für euch persönlich Frauen in der Architektur, die euch ein Vorbild waren?

MS Bei mir war es die brasilianische Architektin und Designerin Lina Bo Bardi, die mich von ihrer Architektur her beeindruckt hat. Aber für mich hat es nie eine Rolle gespielt, ob das ein Mann oder eine Frau war, die man bewundert hat. Und es gab einfach so wenige aktive Frauen, die in unserer Zeit interessant waren, eine Ausnahme ist Elsa Prochazka.

MA Als Kind einer Architektenfamilie kannte ich Margarete Schütte-Lihotzky, die ich sehr geschätzt habe. Bei den Gesprächen mit ihr, die zumeist anlässlich von Events wie Ausstellungen stattfanden, wurde nicht nur über konkrete Aufträge oder Baustellen gesprochen, sondern es waren Gelegenheiten, die allgemeine Lage (es war die Kreisky-Zeit!) zu reflektieren. Die Teamarbeit des Architektenpaars Eva und Karl Mang machte schon in meiner Studienzeit einen großen Eindruck auf mich, denn ich studierte mit ihrer Tochter Brigitte Mang. Ilse Vana-Schiffmann kannte ich von der Vorbereitung auf die Ziviltechnikerprüfung.

Aus meinem privaten Umfeld kannte ich auch Traude Windbrechtinger, eine interessante Persönlichkeit, und auch viele andere Architektinnen und Mitarbeiterinnen, die in den Architekturateliers damals in leitender Stellung verantwortungsvoll tätig waren. Zu meiner Studienzeit war jedoch das Werk dieser weiblichen Architekturschaffenden kein Vorbild für mich. Die Lebensumstände der Emigrantinnen der älteren Generationen wie Ella Briggs, einer Architektin, die mir erst später ein Begriff wurde, waren mir nicht bekannt. Es waren eher gleichaltrige Studentinnen, die mich angespornt haben, kontrovers zu denken.

Was haltet ihr von der Bezeichnung einer spezifischen „Frauen-Architektur"?

MA Diese Bezeichnung sehe ich kritisch. Im feministischen Diskurs geht es ja oft um die Prozesse der Gestaltung, mehr als um die Projektergebnisse! Durch den Wettbewerb „Frauen-Werk-Stadt" kam ich erstmals mit dem Thema einer spezifischen Frauen-Architektur in Berührung. Dieser Wettbewerb für Architektinnen beruhte auf einer politischen Entscheidung des damaligen Stadtrats Hannes Swoboda bzw. wurde von ihm initiiert, was bei Kollegen jedoch sehr kritisch aufgenommen worden ist. Gemeinsam mit Franziska Ullmann habe ich als Landschaftsarchitektin den ersten Preis gewonnen. Es wurde dann entschieden, dass die Wohnbauten von vier Frauen (Franziska Ullmann, Elsa Prochazka, Liselotte Peretti, Gisela Podreka) ausgeführt werden. Aber es war nicht immer leicht. Ich als Landschaftsplanerin hatte dabei ja eher eine Außenseiterrolle und bin nicht in die Projektkämpfe eingebunden gewesen. Elsa Prochazka hat viel mehr Kritik abbekommen. Sie hat mir später von einer Äußerung von Friedrich Achleitner erzählt, die er ihr gegenüber gemacht hat und die sie sehr kränkte. Er meinte: „Muss ich ein Kopftuch aufsetzen, wenn ich auf eure Baustelle fahre?" Ich beteiligte mich regelmäßig an den Ausstellungen der Frauen in der Kammer, einmal stammte sogar der Ausstellungstitel von mir.

MS Ehrlich gesagt habe ich damals die „Frauen-Werk-Stadt" auch eher kritisch gesehen, weil die aus dem Projekt gewonnenen Erkenntnisse – wie unter anderem die belichteten Tiefgaragen – nicht in die weitere Architektur eingeflossen sind. Es blieb bei singulären Beispielen, die keine Allgemeingültigkeit erfuhren und nicht zur Weiterentwicklung beitrugen. Das fand ich schwierig. Für mich gibt es sowieso keine Frauen-Architektur, sondern nur entweder gute oder schlechte Architektur. Das klingt vielleicht abgedroschen, aber es ist so – es zählt ausschließlich die Qualität.

Wird die Frau in der Architektur benachteiligt?

MA Na ja, das ist so ähnlich wie mit den Auftragsvergaben und der Frage: Wer kriegt welches Geschäft? Tatsache ist, dass ich damals als Assistentin an der TU Wien weniger verdient habe als meine männlichen Kollegen, unter anderem weil es ihnen vorbehalten blieb, die Prüfungen anstelle der Professoren abzunehmen, und sie dafür Prüfungsgeld bekamen.

Wurde das Thema des Frauenanteils in der ZV diskutiert bzw. aktiv behandelt?

MA Die ZV hat – typisch für die Baukultur – zwar weibliche Mitglieder gehabt, aber die Thematik ist im Diskurs an uns allen eigentlich vorbeigegangen. Neben mir waren Ende des 20. Jahrhunderts noch Margarethe Cufer und Bettina Götz weibliche Vorstandsmitglieder. Wir haben, wenn es um Neubesetzungen im Vorstand gegangen ist, über den Frauenanteil gesprochen, aber es gab in der ZV – solange ich mich erinnern kann – keine feministische Debatte, sondern es war immer eine Berufsdebatte. In den späten 1970er-Jahren sind gesellschaftliche Fragen eingebracht worden, wie die nach Partizipation, neuen Ideen in der Verkehrsplanung oder in der Statik. Diese themenspezifischen Diskussionen im Zusammenhang mit unseren Vorträgen waren sehr spannend. Aber es wäre sicherlich auch mal interessant, über die Vortragsreihen zu schauen und zu erfassen, wie viele Frauen bei den ZV-Vorträgen „Sprechen über Architektur" eingeladen waren.

Ihr seid beide in Bürogemeinschaften mit euren Lebenspartnern. Viele der Pionierinnen in der ZV haben ein eigenes Atelier geführt. Seht ihr da einen Unterschied?

MA Es sind zwei ganz verschiedene Dinge, ob du alleine ein Büro hast oder mit einem Partner. Ich habe ja nach meinem Studium gleich begonnen, unter meinem eigenen Namen zu arbeiten. In der späteren Zusammenarbeit mit János Kárász ab 1985 ist es mir dann schon passiert, dass ich – weil ich aufgrund meiner Professur in München oft abwesend war – bei Baubesprechungen mit „Frau Kárász" angesprochen wurde. Da habe ich gemerkt, dass ich mich wieder mehr einbringen musste [lacht]. Aber ohne János' wesentliche Inputs hätte ich das Atelier in dieser langen Zeit nicht alleine führen können.

MS Das spielt natürlich eine große Rolle. Und ich wollte nie haben, dass ich alleine wahrgenommen werde, sondern unser Büro ist selbstverständlich Henke und Schreieck. Ich würde auch nie etwas für mich beanspruchen, was wir gemeinsam entwickelt haben. Und natürlich ist es bei uns in der Arbeitsgemeinschaft von Beginn an gut gelaufen. Wir haben uns bestens ergänzt. Dieter war der Zugänglichere, ich eher die Barschere – und manchmal auch umgekehrt.

Müssen sich Frauen in der Architektur speziell behaupten?

MS Du musst als Frau kompetent sein, dann hast du kein Problem. Und ich habe immer das Gefühl gehabt, dass ich mehr wissen muss, um akzeptiert zu werden, und mir keine Fehler erlauben darf.

Was waren eure Strategien, um sich in der von Männern geprägten Welt der Architektur als Frau zu bewegen, und von wem habt ihr gelernt?

MS Das Problem war nicht der Job, sondern sich durchzusetzen und sich Gehör zu verschaffen. Ich erinnere mich an unseren ersten großen Wettbewerb in Innsbruck, den wir gewonnen haben und der auch umgesetzt wurde. Es hat im Vorfeld jahrelange Planungsbesprechungen gegeben, da wurde noch gar nicht gebaut. Die waren für mich extrem lehrreich. Mit großem Interesse habe ich beobachtet, wer sich durchsetzen konnte und wer nicht. Ich habe bald verstanden, dass es nicht diejenigen waren, die inhaltlich am besten argumentiert haben, sondern da haben andere Mechanismen gewirkt; das zu beobachten und zu analysieren habe ich sehr spannend gefunden. Damals haben wir noch einen Fehler gemacht, nämlich die Nächte durchzuarbeiten, um den Bauherren zu Mittag die fertigen Pläne präsentieren zu können. Dann waren wir so müde, dass wir nicht den Mund aufbekamen. Diese Mechanismen zu lernen bzw. zu erkennen, wie sie funktionieren, war für mich sehr wichtig.

MA Faktum ist, dass die Architekturbüros schon immer eine große Anzahl an Mitarbeiterinnen hatten. Schon als ich studiert habe, sind die besten Mitarbeiter*innen im Atelier meines Vaters Frauen gewesen. Sie haben die Projekte abgewickelt und sehr oft die Bauleitung gemacht. Ich habe sie alle sehr geschätzt und mich für ihre Arbeit interessiert. Von ihnen habe ich die Abläufe gelernt und dadurch verstanden, wie die Prozesse im Architekturatelier funktionieren.

Maria Auböck, 2022, Foto: Paul Bauer

Die Präsidentinnen der ZV Österreichs im Gespräch

Wie muss man sich als Frau verhalten, um in der Architektur anerkannt zu werden?

> *MS* Ich habe einmal – vor etwa zwanzig Jahren – in einem Interview gesagt, dass sich unsere Generation der Frauen an das Verhalten der Männer angleicht. Wir verhalten uns nicht wie Frauen, sondern wie Männer, um im Job bestehen zu können. Ich bin überzeugt, dass sich das ändern wird bzw. schon geändert hat und die Frauen sich jetzt mehr als Frauen formulieren können. Aber ich empfinde es so, dass unsere Generation eine Männerrolle annehmen musste, was auf manche vielleicht unsympathisch wirkt.

Wie habt ihr die Situation der Studentinnen an euren Ausbildungsstätten erlebt?

> *MS* Ich habe es an der Akademie nie als Nachteil gesehen, eine Frau zu sein, und nie eine ungleiche Behandlung erlebt. Aber es gab generell nur sehr wenige Frauen in meiner Studienzeit.

> *MA* An der TU Wien hat der Verdrängungsprozess zwischen den Kommiliton*innen ein bisschen anders ausgesehen, da das Studium in den 1970er-Jahren nur von einer geringen Anzahl an Frauen abgeschlossen wurde. Mit mir haben im Wintersemester 1969 ca. 120 bis 125 Student*innen begonnen, wovon etwa dreißig Frauen waren. Bei meinem Diplom 1974 waren wir dann drei Frauen von insgesamt zwanzig Absolvent*innen.

An den Universitäten hat sich das Verhältnis ja mittlerweile umgekehrt, es gibt mehr weibliche als männliche Student*innen.

> *MS* Ja, und man fragt sich, wo die alle hinverschwinden. Denn letztlich gibt es im Bauprozess noch immer extrem wenige Frauen. Ich bin bei Besprechungen oft noch immer die einzige Frau. Wohin verschwinden sie?

> *MA* Das hängt sicherlich noch immer stark damit zusammen, dass sich viele Frauen für die Familie entscheiden. Wenn du Kinder haben willst, ist es auch heute schwierig, freiberuflich zu arbeiten … Ist das alles nur eine Organisationsfrage?

> *MS* Ich muss zugeben, dass sich für mich die Frage nach Kindern nie gestellt hat, zu sehr war ich von meinem Beruf eingenommen, und mit Familie wäre speziell in unseren Anfangszeiten als selbstständige Architekt*innen vieles nicht möglich gewesen. Was mir jedoch heute auffällt, ist, dass viele freiberufliche Architektinnen Kinder haben. Das ist heute anscheinend doch einfacher als früher.

Eine abschließende Frage an euch beide: Habt ihr das Gefühl, als Präsidentinnen ein anderes Licht auf die ZV zu werfen oder als Frau etwas bewegt zu haben?

> *MS* Über diese Frage habe ich nie nachgedacht. Es gibt Dinge, die mich interessieren und die ich vorantreiben möchte, unabhängig davon, dass ich es als Frau gemacht habe. Mir fehlt dieses spezielle Gen. Die Anerkennung bei den Kolleg*innen in den Bundesländern hängt sicher nicht davon ab, dass ich eine Frau bin, sondern es hat sicher etwas mit der Wertschätzung meiner Arbeit zu tun.

> *MA* Ich denke, dass Marta schon in ihrer Umsicht ein feminines Wirken hat, aber sie hat es selber nicht gemerkt! Man kann natürlich darüber nachdenken, ob die Kategorien der Umsicht und des sozialen Wirkens Voraussetzungen für die

Funktion der ZV-Präsidentin sind oder das architektonische Talent. Ich wollte unter meiner Präsidentschaft keine feministische Fraktion in der ZV gründen. Das widerstrebt mir, vor allem weil ich durchaus integrativ denke. Ich habe versucht, in den letzten Jahren Themen wie das Wirken in die Stadtgesellschaft oder Denkmalpflege und die Aufarbeitung der Zeitgeschichte durch deine Bearbeitung des Archivs der ZV stärker zu positionieren. Nicht alles gelingt, ich habe gemerkt, dass in so einem kleinen Verein wie der ZV die Wirkung nicht so groß ist, wie man es sich wünschen würde. Ich sehe die ZV vielmehr in der Rolle eines Whistleblowers, um damit mehr Umsicht im Hinblick auf die Baukultur zu erzielen. Die Rolle der ZV ist dabei, früh genug zu protestieren und Vorschläge zu machen. Aufbauend auf den Vorarbeiten von Marta, möchte ich persönlich das Format des ZV-Bauherrenpreises vorantreiben und die anstehende Änderung der Vereinsstruktur mittragen. Ich sehe natürlich, dass wir in einer neuen Zeit sind, in der der Klimawandel, die Wandlung der Arbeitswelten und des Stadtraums und der Feminismus neue Aspekte bringen. Und wir können nur hoffen, dass der Beruf der Architektin oder, besser gesagt, die Berufung zur Architektin auch ein Familienleben ermöglicht und ebenso reichhaltige Interessen zulässt, die eine weitere Entwicklung ermöglichen. Und man wird sehen, ob dies in der jüngeren Generation auch so gelebt wird.

MS Ich finde auch, dass es notwendig ist, dass das Frauenthema massiv diskutiert wird. Das hat aber weniger mit dem Job, sondern mehr mit der sozialen Komponente zu tun, wo noch vieles im Argen liegt. Und das darf man nicht aus den Augen verlieren. Diesbezüglich würde ich mich sogar als Feministin bezeichnen, nicht was meine Arbeit anbelangt, sondern in Bezug auf die sozialen Fragen bzw. die sozialen Benachteiligungen der Frau, die wichtig sind und die es zu diskutieren gilt und die bei Weitem nicht gelöst sind.

Anhang

ZV-Mitgliedsausweis von Ella Briggs aus dem Jahr 1929, der älteste von einer Architektin überlieferte Mitgliedsausweis der ZV Österreichs, Entschädigungsbehörde, Berlin, Opfer des Nationalsozialismus, Ella Briggs: 251.039

Die ersten weiblichen Mitglieder der ZV (Landesverband Wien, Niederösterreich und Burgenland)

Aufnahme in die ZV von 1925 bis 1960

(Forschungsstand: Juni 2022)

Nachname	Vorname	Mitglied
A		
Albrecht (geb. Weiße)	Maria	ab 1952
B		
Balcarek (geb. Beck)	Maria	ab 1947
Bammer	Elfriede	ab 1960
Beck	Erna	ab 1945
Beranek	Anny	ab ca. 1951
Blauensteiner (geb. Vogel)	Waltraud	ab 1946
Böhm (geb. Benke)	Maria	ab 1948
Bolldorf-Reitstätter	Martha	ab 1935
Briggs (geb. Baumfeld)	Ella	ab 1925
C		
Cernohous	Annemarie	(bis 1973)
Czedik-Eysenberg (geb. Kleinwächter)	Maria	ab 1947
D		
Drevensek	Christine	ab ca. 1951
F		
Frühwirth	Hermine	ab 1936
G		
Gass (geb. Khuen)	Elisabeth	ab 1952
Geiger (geb. Androszowski)	Erika	ab 1955
Glück (geb. Porges, auch Pongracz)	Elisabeth	ab 1948
Gollob	Hedwig	ab 1947
Grigkar (geb. Kapinus)	Erna	ab 1945
H		
Hofbauer-Lachner	Elisabeth	ab 1947
Hornischer	Ilse	ab ca. 1951
K		
Kazda (geb. Luka)	Gertrude	ab 1955
Kiesewetter (geb. Kaym, auch Wiedemann)	Brigitta	ab 1950

Kirschner (geb. Pollak)	Leopoldine	ab 1947
Koči (geb. Weschta)	Ilse	ab 1957
Koller-Buchwieser	Helene	ab 1959
Kotal	Herma	ab ca. 1951
Kutzbach (geb. Hittaller)	Irene	ab ca. 1951

L

Lackner	Gertrude	(bis ca. 1977)
Lassmann (geb. Jurecka)	Edith	ab 1947
Liegert-Urban	Herta	ab ca. 1951
Lorenz	Ilse	ab ca. 1951

M

von Manhardt (geb. Grom-Rottmayer)	Ulrike	ab 1946
Müller (geb. Koch)	Jutta	ab 1953
Musel	Rosl Maria	ab ca. 1951

P

Partyka (geb. Bazalka)	Libuše	ab 1954
Perin (geb. Regnier)	Lionore	ab 1937
Peters (geb. Hotzy)	Erika	ab 1952
Pietsch (geb. Rappos)	Lucia	ab 1928
Pilewski	Leonie	ab 1925
Pippal-Kottnig	Eugenie	ab 1945
Praun (geb. Simidoff)	Anna-Lülja	ab 1946
Prukner	Ilse	ab 1947

R

Roth	Helene	ab 1928

S

Schaffran	Hilde	ab ca. 1951
Schlichting	Isabella	ab ca. 1951
Schreiber	Erika	ab 1962
Schwarzbach	Liselotte	ab ca. 1951
Sladek (geb. Hoheisel)	Ilse	ab 1957
Stamminger	Lucia	ab ca. 1951
Stein (geb. Euler)	Monika	ab 1950

T

Tölzer (geb. Schejbal)	Maria	ab 1946
Tröster	Anna Elisabeth	ab 1955

V

Vana-Schiffmann	Ilse	ab 1952
Völter	Lore	ab 1947
Vorderegger-Reitter	Christine	ab 1957

W

Wanek (geb. Engel)	Gertrud	ab 1947
Wild	Valerie	ab 1945

Z

Zaininger	Kornelia	ab 1945

Die Autor*innen

Judith Eiblmayr

Architekturstudium an der Technischen Universität Wien, der Universität Venedig und der University of Michigan; Diplom 1991, Ziviltechnikerprüfung 2003, Promotion 2010. Architektin, Architekturkritikerin und -publizistin, freie Kuratorin. Langjährige Tätigkeit als Kritikerin für Fachzeitschriften im In- und Ausland und für *Die Presse, Spectrum* zu den Themen Architektur und Städtebau, Kulturgeschichte und Design. Textbeiträge, Ausstellungen und Publikationen: personenbezogen wie zu Anna-Lülja Praun und Erich Boltenstern oder ortsbezogen wie zu Strasshof an der Nordbahn und Bad Gastein. Fulbright-Gastprofessur an der University of Minnesota 2015/16.

Ingrid Holzschuh

Studium der Kunstgeschichte an der Universität Wien; Promotion 2011. Seit 2010 als freie Kunsthistorikerin und selbstständige Ausstellungskuratorin sowie Museumsberaterin tätig. Lehrtätigkeit an der Universität Wien, der Technischen Universität Wien und der Katholischen Privat-Universität Linz. Projektleiterin sowie wissenschaftliche Mitarbeiterin in diversen Forschungsprojekten zur Architektur des 20. Jahrhunderts. Publikationen und Forschungen zur Architektur und Kunst im Nationalsozialismus, zur Nachkriegsarchitektur und zu Gender Studies sowie Biografieforschung in der Architektur.

Markus Kristan

Studium der Kunstgeschichte, Geschichte und Archäologie an der Universität Wien. Anschließend Mitarbeit im Bundesdenkmalamt. Von 1993 bis 2022 in der Albertina als Kurator der Architektursammlung tätig; zuständig für das Adolf-Loos-Archiv. Zahlreiche Aufsätze und Bücher zur österreichischen Architektur der Jahrhundertwende und der Zwischenkriegszeit (über Hubert Gessner, Carl König, Oskar Laske, Adolf Loos, Joseph Urban, die Künstlerkolonie Hohe Warte, die Kunstschau Wien 1908 u. a.) sowie der Gegenwart (über Otto Häuselmayer, Martin Kohlbauer, Karl Mang, Dimitris Manikas, Gustav Peichl, Karl Schwanzer, die Architekten der Meisterklasse Wilhelm Holzbauer u. a.).

Sabine Plakolm-Forsthuber

Studium der Kunstgeschichte und Romanistik (Italienisch) an der Universität Wien und der Universität Perugia; Promotion 1986 an der Universität Wien, 2000 Habilitation im Fachbereich Kunstgeschichte an der Technischen Universität Wien. Außerordentliche Universitätsprofessorin für Kunstgeschichte an der Technischen Universität Wien und Lehrbeauftragte an der Universität Wien. Publikationen und Forschungen im Bereich der österreichischen Kunst und Architektur des 19. und 20. Jahrhunderts, über Künstlerinnen und Architektinnen, Ausstellungsgeschichte und -architektur, zur Architektur des Otto-Wagner-Spitals am Steinhof, über Florentiner Frauenklöster von der Renaissance bis zur Gegenreformation sowie (gemeinsam mit Ingrid Holzschuh) zur NS-Kunstpolitik in Wien. Seit 2022 Mitglied des Kunstrückgabebeirats.

Katrin Stingl

Studium der Architektur, Abschluss des Studiums der Kunstgeschichte an der Universität Wien mit einer Diplomarbeit über Ella Briggs (2008). Langjährige Tätigkeit in Architekturbüros mit Schwerpunkt Denkmalpflege. Projektkoordination des Bauherrenpreises der Zentralvereinigung der ArchitektInnen Österreichs (ZV). Seit 2009 wissenschaftliche Mitarbeiterin im Sammlungsteam des Architekturzentrum Wien (Sammlungsmanagement, Ausstellungsproduktion, Co-Kuratorin).

Christina Zessner-Spitzenberg

Studium der Kunstgeschichte an der Universität Wien. Von 2019 bis 2020 studentische Mitarbeiterin im Architekturzentrum Wien. Forschungsschwerpunkte: Architektur der Nachkriegsmoderne, Architektin Helene Koller-Buchwieser.

Bibliografie

Peter Adam, Eileen Gray: Architect/Designer, New York 1987.

Leo Adler, Wohnhausblock und Ledigenheim „Pestalozzihof" in Wien. Architektin: Ella Briggs, in: Wasmuths Monatshefte für Baukunst, Heft 2, 1928, S. 69–72.

Anita Aigner, Der Schritt nach Draußen. Zur Phänomenologie des zugeordneten Außenraums in Wiener Wohnbauten 1919–1934, Diss. Technische Universität Wien, Wien 1998.

Marco Amati, Engagement and Exhibitionism in the Era of High Modernism. The Example of 1940s Bilston, in: Robert Freeston, Marco Armati (Hrsg.), Exhibition and the Development of Modern Planning Culture, 2014, Cap. 10.

ARGE Architektinnen und Ingenieurkonsulentinnen (Hrsg.), Frauen in der Technik von 1900 bis 2000. Das Schaffen der österreichischen Architektinnen und Ingenieurkonsulentinnen, Wien 1999.

Charlotte Benton, A Different Word. Emigré Architects in Britain 1928–1958, England 1996.

Ilse Bill, Lebensgestalter (ein Gespräch in der Werkbund-siedlung), in: Die Bühne, Heft 331, 1932, S. 17.

Martha Bolldorf-Reitstätter, Das Hochwasser-Umflutungsgerinne für Wien, Wien o. J.

Martha Bolldorf-Reitstätter, Hochhausbau – objektiv gesehen (maschinschriftliches Manuskript), Wien o. J.

Martha Bolldorf-Reitstätter, Umgestaltung der Inneren Stadt Wien, o. J.

Martha Bolldorf-Reitstätter, Wien an die Donau bringen!, Sonderdruck, Wien o. J.

Martha Bolldorf-Reitstätter, Wien. Gedanken und Vorschläge zur Umgestaltung der Inneren Stadt Wien, o. J. (um 1939).

Martha Bolldorf-Reitstätter, Komponenten der Baugestaltung, in: Festschrift Prof. Dr. J. Anselm Weißenhafer – zu seinem 70. Geburtstage gewidmet von seinen Freunden und Verehrern, Wien 1954, S. 1–9.

Martha Bolldorf-Reitstätter, Stadtplanung – eine Frage der Architektur? Architektur – eine Frage der Kunst? (maschinschriftliches Manuskript), Wien, 15.4.1962.

Martha Bolldorf-Reitstätter, Schloß Kobersdorf, Wien 1976.

Ella Briggs, The House with a Future, in: Country Life, May 1923, S. 62 f.

Ella Briggs, Groups of Families Can Build These Apartments, in: The Ladies' Home Journal, October 1923, S. 42, 103 f.

Ella Briggs, We Plan a House for You, in: Good Housekeeping, March 1924, S. 35, 148, 150.

Ella Briggs, Elektrizität im Haushalt, in: Wohnungs-Wirtschaft, 4, Heft 10–12, 1927, S. 83.

Ella Briggs, Amerikanische Einfamilienhäuser, in: Zeitschrift des Österreichischen Ingenieur- und Architektenverbandes, Heft 17/18, 1928, S. 146.

Ella Briggs, Ledigenheim und Kleinstwohnhäuser, in: Bauwelt, 19, Heft 48, 1928, S. 1132 f.

Ella Briggs, Küche, Lexikoneintrag in: Gerhard Albrecht et al. (Hrsg.), Handwörterbuch des Wohnungswesens, Jena 1930, S. 459–501.

Ella Briggs, Laubenganghaus, Lexikoneintrag in: Gerhard Albrecht et al. (Hrsg.), Handwörterbuch des Wohnungswesens, Jena 1930, S. 500–503.

Ella Briggs, Wohnbau in Berlin-Mariendorf, in: Bauwelt, 21, Heft 18, 1930, S. 11 f.

Ella Briggs, Zwei Kleinwohnungsgrundrisse, in: Bauwelt, 21, Heft 18, 1930, S. 577.

Ella Briggs, Jugend-Tagesräume. Säuglingsheime – Kindergärten – Jugendhorte, in: Bauwelt, 22, Heft 8, 1931, S. 221–223.

Ella Briggs, Ausstellungs-Gestaltungen, in: Bauwelt, 22, Heft 19, 1931, S. 648–650.

Ella Briggs, Praktische Fragen zur Erwerbslosensiedlung, in: Bauwelt, 22, Heft 44, 1931, S. 1394–1396.

Ella Briggs, II, Stockwerkswohnungs-Teilungen, in: Bauwelt, 23, Heft 50, 1932, S. 1332 f.

Gertrude Celedin, Einleitung, in: Indianer – Kunst der Zwischen-kriegszeit in Graz, Ausstellungskatalog Stadtmuseum Graz, Graz 1988, o. S.

Sigal Davidi, Architektinnen aus Deutschland und Österreich im Mandatsgebiet Palästina, in: Mary Pepchinski et al. (Hrsg.), Frau Architekt. Seit mehr als 100 Jahren: Frauen im Architektur-beruf, Ausstellungskatalog Deutsches Architekturmuseum (DAM), Frankfurt am Main, Berlin 2017, S. 49–57.

Sigal Davidi, Building a New Land. Women Architects and Women's Organizations in Mandatory Palestine, Ra'anana: Lamda, Open University Publishing House, 2020 (publiziert in Hebräisch).

Matthias Dorfstetter, Österreichische Architekturschaffende im entstehenden Staat Israel. Der Beitrag der TH Wien zum Baugeschehen zwischen Jordan und Mittelmeer, Dipl.-Arb. Technische Universität Wien, Wien 2019.

Kerstin Dörhöfer, Pionierinnen in der Architektur. Eine Bau-geschichte der Moderne, Tübingen 2004.

Dietrich Ecker, Die Moderne Architektur der zwanziger und dreißiger Jahre in Graz, in: Stadtmuseum Graz (Hrsg.), Indianer – Kunst der Zwischenkriegszeit in Graz, Ausstellungskatalog Stadtmuseum Graz, Graz 1988, o. S.

Judith Eiblmayr, Lisa Fischer, Möbel in Balance, Ausstellungs-katalog Haus Wittgenstein, Wien, Salzburg 2001.

Günter Eisenhut, Eichholzer. Sezession Graz, in: Heimo Halbrainer (Hrsg.), Herbert Eichholzer 1903–1943 – Architektur und Widerstand, Ausstellungskatalog LABOR, Graz, Graz 1998, S. 106.

Max Eisler, Das Wiener Möbel gestern und heute, in: Wiener Möbel, bearbeitet von Erich Boltenstern, Stuttgart 1934, S. 7 f.

E. F., Aus dem Reiche der Frau. Ausstellung der Kunst-gewerblerinnen, in: Fremden-Blatt, 1.5.1914, S. 17.

Franco Fonatti (Hrsg.), Ars Sacra Austriae. Ausstellung der Österreichischen Gesellschaft für Christliche Kunst zum Katholikentag 1983 (Wien, Rathaus), Wien 1983.

Margit Fritz-Schafschetzy, Die steirischen Kunst- und Künstler-vereinigungen in der Zwischenkriegszeit, in: Stadtmuseum Graz (Hrsg.), Indianer – Kunst der Zwischenkriegszeit in Graz, Ausstellungskatalog Stadtmuseum Graz, Graz 1988, o. S.

Ute Georgeacopol-Winischhofer, „Sich-bewähren am Objektiven". Bildung und Ausbildung der Architektin an der Technischen Hochschule in Wien von 1919/20 bis 1944/45, in: Juliane Mikoletzky, Ute Georgeacopol-Winischhofer, Margit Pohl (Hrsg.), „Dem Zuge der Zeit entsprechend …". Zur Geschichte des Frauenstudiums in Österreich am Beispiel der Technischen Universität Wien, Wien 1997, S. 185–259.

Ute Georgeacopol-Winischhofer, Bolldorf-Reitstätter, Martha, in: Brigitta Keintzel, Ilse Korotin (Hrsg.), Wissenschafterinnen in und aus Österreich. Leben – Werk – Wirken, Wien u. a. 2002, S. 85–88.

Ute Georgeacopol-Winischhofer, Koči, Ilse, geb. Weschta, in: Brigitta Keintzel, Ilse Korotin (Hrsg.), Wissenschafterinnen in und aus Österreich. Leben – Werk – Wirken, Wien u. a. 2002, S. 386–388.

Ute Georgeacopol-Winischhofer, Lassmann, Edith, geb. Jurecka, in: Brigitta Keintzel, Ilse Korotin (Hrsg.), Wissenschafterinnen in und aus Österreich. Leben – Werk – Wirken, Wien u. a. 2002, S. 448 f.

Karl Maria Grimme, Neues Kunstschaffen in der Ostmark, in: Der getreue Eckart, 16. Jg., 1, 1939, S. 494–499.

Josef Hoffmann, Das Volkswohnhaus in der Felix Mottl-Straße, in: Die neue Wirtschaft, 8.7.1926, S. 13 f.

Else Hofmann, 25 Jahre Vereinigung Bildender Künstlerinnen Österreichs, in: Österreichische Kunst, Heft 11, 1936, S. 28.

Ingrid Holzschuh, Verlorene Stadtgeschichten. Hitlers Blick auf Wien, in: Architekturzentrum Wien, Ingrid Holzschuh, Monika Platzer (Hrsg.), „Wien. Die Perle des Reiches". Planen für Hitler, Ausstellungskatalog Architekturzentrum Wien, Zürich 2015, S. 28–47.

Ingrid Holzschuh, Der Neubeginn, in: Ingrid Holzschuh (Hrsg.), BauKultur in Wien 1938–1959. Das Archiv der Zentralvereinigung der ArchitektInnen Österreichs (ZV), Basel 2019, S. 64–81.

Ingrid Holzschuh, Sabine Plakolm-Forsthuber, Auf Linie. NS-Kunstpolitik in Wien. Die Reichskammer der bildenden Künste, Ausstellungskatalog Wien Museum, Basel 2021.

Marcel Just, Christof Kübler, Matthias Noell (Hrsg.), Arosa. Die Moderne in den Bergen, Zürich 2007.

Otto Kapfinger, Anna-Lülja Praun. Rede anlässlich der Verleihung der Ehrenmitgliedschaft der Österreichischen Gesellschaft für Architektur, MAK, Wien 1997, in: Architekturzentrum Wien (Hrsg.), Otto Kapfinger. Ausgesprochen – Reden zur Architektur, Salzburg 1999, S. 57.

Otto Kapfinger, Matthias Boeckl, Vom Interieur zum Städtebau. Architektur am Stubenring 1918–90, in: Hochschule für angewandte Kunst in Wien (Hrsg.), Kunst. Anspruch und Gegenstand. Von der Kunstgewerbeschule zur Hochschule für angewandte Kunst in Wien 1918–1991, Salzburg/Wien 1991, S. 97–125.

Renata Kassal-Mikula et al. (Hrsg.), Das ungebaute Wien. Projekte für die Metropole 1800–2000, Ausstellungskatalog Historisches Museum der Stadt Wien, Wien 1999.

Ján Koči, Vorgefertigte mehrgeschoßige Wohnhäuser und ihre Beziehung zur freien architektonischen Gestaltung, Diss. Technische Hochschule Wien, Wien 1958.

Alexandra Kraus, Zum Leben und Werk der Architektin Edith Lassmann (1920–2007), Dipl.-Arb. Technische Universität Wien, Wien 2018.

Norbert Kunz, Die Krim unter deutscher Herrschaft 1941–1944. Germanisierungsutopie und Besatzungsrealität, Darmstadt 2005.

Edith Lassmann, Das Krafthaus Limberg, in: Der Bau, Heft 11/12, 1952, S. 238 f.

Edith Lassmann, Das Frauenstudium an den technischen Hochschulen Wien und Graz, in: Martha Forkl, Elisabeth Koffmann (Hrsg.), Frauenstudium und akademische Frauenarbeit in Österreich, Wien u. a. 1968, S. 43 ff.

György Ligeti, Ligeti über Praun, in: Judith Eiblmayr, Lisa Fischer, Möbel in Balance, Ausstellungskatalog Haus Wittgenstein, Wien, Salzburg 2001.

Ute Maasberg, Regina Prinz, Die Neuen kommen! Weibliche Avantgarde in der Architektur der zwanziger Jahre, Hamburg 2005.

Ernst Marboe (Hrsg.), Das Österreich-Buch, Wien 1948.

Irene Meier-Moser, Frau Architektin Dipl. Ing. Prof. Helene Koller-Buchwieser, August/September 1995, in: International Archive of Women in Architecture (IAWA), Virginia Tech, Blacksburg, Virginia.

Juliane Mikoletzky, Teil I. Von den Anfängen bis zur Zulassung von Frauen zum ordentlichen Studium an österreichischen Technischen Hochschulen 1919, in: dies., Ute Georgeacopol-Winischhofer, Margit Pohl (Hrsg.), „Dem Zuge der Zeit entsprechend …". Zur Geschichte des Frauenstudiums in Österreich am Beispiel der Technischen Universität Wien, Wien 1997, S. 17–108.

Juliane Mikoletzky, Ute Georgeacopol-Winischhofer, Margit Pohl (Hrsg.), „Dem Zuge der Zeit entsprechend …". Zur Geschichte des Frauenstudiums in Österreich am Beispiel der Technischen Universität Wien, Wien 1997.

Daisy Minor, Ausstellung der bildenden Künstlerinnen Österreichs, in: Der Bund. Zentralblatt des Bundes österreichischer Frauenvereine, Heft 2, 1914, S. 12 f.

Grete Müller, „Die schöne Wand" im Museum für Kunst und Industrie, in: Die Stunde, 10.3.1933, S. 5.

Otto Niedermoser, Oskar Strnad 1879–1935, Wien 1965.

Hilde Oppenheimer, Wohnungseinrichtung und Wohnungskultur, in: Palästina Nachrichten, 1. Jg., Nr. 4, 1934, S. 4.

Eva B. Ottillinger, Möbeldesign der 50er Jahre. Wien im internationalen Kontext, Wien 2005.

Oskar Payer, Auf dem Weg zur sozialen Wohnkultur, in: Robert Stern (Hrsg.), Neues Wohnen. Ein Ratgeber für jedermann, Wien 1956, 2. Aufl., S. 32.

Leonie Pilewski, Moderne Bauten in Moskau, in: Das neue Frankfurt, Heft 2, 1928, S. 86–90.

Leonie Pilewski, Wohnungsbau in Russland, in: Das neue Frankfurt, Heft 3, 1929, S. 31–34.

Leonie Pilewski, Neue Bauaufgaben in der Sowjet-Union, in: Die Form, Heft 9, 1930, S. 231–237.

Leonie Pilewski, Wohnungspolitik in der Sowjetunion, in: Die Wohnungsreform, 1, Heft 5, 1930, S. 4–7.

Leonie Pilewski, Dritter Internationaler Kongress für Neues Bauen, in: Die Wohnungsreform, 2, Heft 1, 1931, S. 9–11.

Leonie Pilewski, Neuer Wohnungsbau in der Sowjet-Union, in:
Die Form, Heft 3, 1931, S. 98–106.
Leonie Pilewski, Neue Bauten in Arosa, in: Stein, Holz, Eisen,
Heft 6, 1931, S. 105–108.

Leonie Pilewski, Der Park der Kultur und Erholung in Moskau, in:
Die neue Stadt, Heft 12, 1932, S. 7 f.

Leonie Pilewski, Was hat die moderne Architektin der modernen
Frau zu sagen, in: Arbeiter-Zeitung, 17.1.1933, S. 6.

Leonie Pilewski, Versuche kollektiven Lebens, in: Arbeiter-
Zeitung, 21.2.1933, S. 6.

Martina Pippal, Pippal-Kottnig, Eugenie, in: Brigitta Keintzel,
Ilse Korotin (Hrsg.), Wissenschafterinnen in und aus Österreich.
Leben – Werk – Wirken, Wien u. a. 2002, S. 295 f.

Eugenie Pippal-Kottnig, Laboratoriums-Möbel, in: Der Bau,
Heft 7/8, 1953, S. 214 f.

Sabine Plakolm-Forsthuber, Künstlerinnen in Österreich
1897–1938. Malerei. Plastik. Architektur, Wien 1994.

Sabine Plakolm-Forsthuber, Ein Leben, zwei Karrieren.
Die Architektin Liane Zimbler, in: Matthias Boeckl (Hrsg.),
Visionäre & Vertriebene. Österreichische Spuren in der
modernen amerikanischen Architektur, Berlin 1995, S. 295–309.

Sabine Plakolm-Forsthuber, Beruf: „Frau Architekt". Zur Ausbildung der ersten Architektinnen in Wien, in: Marcel Bois,
Bernadette Reinhold (Hrsg.), Margarete Schütte-Lihotzky.
Architektur. Politik. Geschlecht. Neue Perspektiven auf Leben
und Werk, Basel 2019, S. 38–52.

Sabine Plakolm-Forsthuber, „ZV-Frauen bauen mit!" Wege
und Irrwege der ersten Architektinnen in der ZV (1925–1959),
in: Ingrid Holzschuh, Zentralvereinigung der ArchitektInnen
Österreichs (Hrsg.), BauKultur in Wien 1938–1959. Das Archiv
der Zentralvereinigung der ArchitektInnen Österreichs (ZV),
Basel 2019, S. 48–61.

Sabine Plakolm-Forsthuber, Darstellungen und Selbst-
darstellungen. Publikationen der ersten Architektinnen im Roten
Wien, in: Harald R. Stühlinger (Hrsg.), Rotes Wien publiziert.
Architektur in Medien und Kampagnen, Wien u. a. 2020, S. 55–67.

Monika Platzer, Schatten der Vergangenheit. Wien nach 1945.
Eine zweite Fassung der „Perle"?, in: Architekturzentrum Wien,
Ingrid Holzschuh, Monika Platzer (Hrsg.), „Wien. Die
Perle des Reiches". Planen für Hitler, Ausstellungskatalog
Architekturzentrum Wien, Zürich 2015, S. 52–58.

Monika Platzer, Kalter Krieg und Architektur. Beiträge zur
Demokratisierung Österreichs nach 1945, Ausstellungskatalog
Architekturzentrum Wien, Zürich 2019, S. 134–137.

Sabrina Rahman, Happiness and Housing in 1940s Bilston, in:
Art & Heritage, January–June 2014, S. 22 f.

Hugo Riha, Ideenwettbewerb für die Ausbildung der Limberg-
sperrenkrone, in: Johann Götz (Hrsg.), Die Hauptstufe des
Tauernkraftwerks Glockner-Kaprun der Tauernkraftwerke A.G.
Zell am See, 1951.

Sabina A. Riss, Frauengerechte Modellwohnprojekte der
1990er Jahre. Die versuchte Einflussnahme von Frauen als
Auftraggeberinnen auf den österreichischen geförderten
Wohnbau, Diss. Technische Universität Wien, Wien 2017.

Karl Heinz Ritschel, Bruno Buchwieser. Auftrag und Ziel,
Salzburg 1981.

Klara Ruge, Amerikanische Kunstausstellungen der Saison
1908 und 1909, in: Kunst und Kunsthandwerk, Heft 11, 1909,
S. 562–582.

M. S., Wiens Funkpalast vor der Vollendung, in: Kleine Volks-
Zeitung, 27.8.1937, S. 4.

Ilse Schiffmann, Das Bauzentrum. Untersuchung über die
Entwicklung und den Stand der europäischen Bauforschungsorganisationen in Hinblick auf die Errichtung eines Österreichischen Bauzentrums, Diss. Technische Hochschule Wien,
Wien 1955.

Robert Schmid, Ella Briggs (1880–1977): Beiträge der österreichischen Architektin zum Bauen in einer Zeit der gesellschaftlichen
Umwälzungen, des politischen Umbruchs und der wirtschaftlichen Not, Dipl.-Arb. Technische Universität Wien, Wien 2019.

G. A. Schwaiger, Die Grundlagen zum Funkhauswettbewerb, in:
profil, 3, Heft 8, 1935, S. 394–407.

Anton Seda, Wettbewerb Stadt des Kindes, in: Der Aufbau,
Heft 1/2, 1970, S. 52–57.

Ran Shechori, Dora Gad. The Israeli Presence in Interior Design,
Tel Aviv 1997.

Stadt Wien / Stadtbauamtsdirektion (Hrsg.), Pensionistenheim
Sonnenhof, in: Die Stadt Wien gibt Auskunft, Heft 43, 1964, o. S.

Ado Stelzl, Vom Kraftwagen-Schnittmodell bis zur Staubkammer.
In der Kraftfahrtechnischen Lehranstalt der Waffen-SS, in:
Neues Wiener Tagblatt, 3.3.1943, S. 5.

Katrin Stingl, Ella Briggs(-Baumfeld). Wohnbauten in Wien (1925/26)
und Berlin (1929/30), Dipl.-Arb. Universität Wien, Wien 2008.

Oskar Strnad, Neue Wege in der Wohnraumeinrichtung, in:
Deutsche Kunst und Dekoration, Oktober 1922, o. S.

Oskar Strnad, Mit Freude wohnen, 1932, o. n. A.

Andreas Suttner, Das Schwarze Wien. Bautätigkeit im Ständestaat 1934–1938, Wien u. a. 2017.

Jan Tabor, Vera Purtscher, Wettbewerb Donaukanal 1946, in:
Historisches Museum der Stadt Wien (Hrsg.), Das ungebaute
Wien 1800 bis 2000. Projekte für die Metropole, Katalog der 256.
Sonderausstellung des Historischen Museums der Stadt Wien,
Wien 1999, S. 384.

Erika Thümmel, Die Möbel Eichholzers, in: Heimo Halbrainer
(Hrsg.), Herbert Eichholzer 1903–1943 – Architektur und
Widerstand, Ausstellungskatalog LABOR, Graz, Graz 1998, S. 56.

Erika Thurner, Nationale Identität & Geschlecht in Österreich
nach 1945, Innsbruck 2019.

Maria Tölzer, Gestalten statt nur möblieren. Vorschläge für das
Einrichten von Kleinwohnungen aus den Jahren 1947–1960,
3 Bde. (unveröffentlichtes Manuskript), Wien 1985, in:
International Archive of Women in Architecture (IAWA), Virginia
Tech, Blacksburg, Virginia.

Gisela Urban, Die Frau als Architektin, in: Neues Wiener Journal,
18.5.1928, S. 11.

Gisela Urban, Schlichteste Formen, in: Innendekoration, 44, 1933,
S. 236.

Gisela Urban, Modernes Wohnen, in: Die Österreicherin, 6, 1933,
S. 3 f.

Gisela Urban, Frauliches Schaffen, in: Innendekoration, 45, 1934, S. 102 f.

Ilse Vana-Schiffmann, Besseres Wohnen für alte Menschen – und was der Architekt dazu beitragen kann, in: Elise Sundt, Monika Klenovec et al. (Hrsg.), Ziviltechnikerinnen, Wien 1982, S. 98–101.

H. A. V. (Hans Adolf Vetter), Die Architektin, in: profil, 4, Heft 1, 1933, S. 123.

Valentin E. Weber-Wille, Architektur von Wasserkraftwerken in Österreich, Diss. Technische Universität Wien, Wien 2013.

Helmut Weihsmann, Das Rote Wien. Sozialdemokratische Architektur und Kommunalpolitik 1919–1934, Wien 2002.

Helmut Weihsmann, In Wien erbaut. Lexikon der Wiener Architekten des 20. Jahrhunderts, Wien 2005.

Ilse Weschta, Das Bürgerhaus in Steyr. Altstadt Steyr, Steyrdorf und Ennsdorf, Diss. Technische Hochschule Wien, Wien 1947.

Senta Ziegler, Sanierungen im Rahmen der Altstadterhaltung in Wien, in: Der Aufbau, Heft 5/6, 1973, S. 174.

O. A., Promotion einer Dame, in: Neue Freie Presse, 23.12.1902, S. 5.

O. A., A Cleverly Handled Color Treatment, in: The Wall-Paper News and Interior Decorator, 1.1.1910, S. 35.

O. A., Adolph Lehmann's allgemeiner Wohnungs-Anzeiger: nebst Handels- u. Gewerbe-Adressbuch für d. k.k. Reichshaupt- u. Residenzstadt Wien u. Umgebung, Wien 1916.

O. A., Feuilleton. Herbstausstellungen, in: Wiener Zeitung, 7.12.1923, S. 2.

O. A., Amtsblatt der Stadt Wien, Jg. XXXIV, 15.8.1925, S. 912.

O. A., Abenteuer einer Wiener Architektin in Sizilien, in: Der Tag, 24.12.1925, S. 2.

O. A., Mrs. Briggs of New York Held as Spy in Sicily. Washington Orders an Immediate Inquiry, in: New York Times, 25.12.1925, o. S.

O. A., Die Wohnhausanlage Pestalozzihof. Das erste Wiener Ledigenheim, in: Die neue Wirtschaft, 24.2.1927, S. 7.

O. A., Ella Briggs. Eine Wiener Architektin, in: Frau und Gegenwart, Heft 40, 1927, S. 12.

O. A., Kongress des österreichischen Bundes der Freunde der Sowjetunion, in: Die Rote Fahne, 24.11.1928, S. 3.

O. A., Kundgebung für den Abrüstungsgedanken, in: Der Tag, 27.11.1928, S. 7.

O. A., Die schaffende Österreicherin, in: Neues Wiener Tagblatt, 28.7.1931, S. 9.

O. A., Modernes Wohnen, in: Die Österreicherin, 6, 1932, S. 2.

O. A., Dipl.-Ing. Arch. Leonie Pilewski, in: Österreichische Kunst, Heft 4, 1933, S. 30.

O. A., Modernes Wohnen, in: Die Österreicherin, 4, 1934, S. 3.

O. A., Block of Flats in Berlin, Designed by Ella B. Briggs, in: The Architects' Journal, 16.7.1936, S. 89 f.

O. A., Österreichische Kunst, Heft 11, 1936, S. 20 f.

O. A., Palästina Nachrichten. Zeitschrift für Wirtschaftsentwicklung im Vorderen Orient, 3. Jg., Nr. 3, 1936, S. 11.

O. A., House near Berlin, Designed by Ella B. Briggs, in: The Architects' Journal, 2.2.1939, S. 211 f.

O. A., Jüdische Ärzte als gewerbsmäßige Abtreiber, in: Kleine Volks-Zeitung, 21.7.1939, S. 11.

O. A., Staatspreis für eine Villa am See. Die 19jährige Eugenie Kottnig erzählt von ihren Arbeiten, in: Kleine Volks-Zeitung, 10.7.1940, S. 8.

O. A., „Kulissenhäuser" werden erklettert. Wiener Studenten ergründen architektonische Besonderheiten, in: Neues Wiener Tagblatt, 6.7.1943, S. 3.

O. A., Houses at Bilston, Notts, Designed by Ella B. Briggs, in: The Architects' Journal, 2.1.1947, S. 15 f.

O. A., „Die Frau und ihre Wohnung". Eine interessante Ausstellung im Wiener Messepalast, in: Neues Österreich, 2.12.1950, S. 4.

O. A., Österreichs erste Doppelkirche in Hochleiten, Wiener Zeitung, 7.11.1954, S. 5.

O. A., Ideenwettbewerb Sanierung Wien-Innere Stadt, in: Der Aufbau, Heft 10, 1956, Wien, S. 427–432.

O. A., Einfamilienhäuser im Flachbau, in: Der Aufbau, 1958, S. 339–341.

O. A., Martha Bolldorf-Reitstätter, in: Elise Sundt, Monika Klenovec et al. (Hrsg.), Ziviltechnikerinnen, Wien 1982, S. 12.

O. A., Active Lot Buying and Home Building in the Suburbs, o. J., S. 2 ff.

O. A., Who's and who in Palestine, o. n. A. (zur Verfügung gestellt von Sigal Davidi (Tel Aviv).

Pag., Kommunale Studentenheime. Zur gestrigen Eröffnung des ersten Studentenhauses der Gemeinde Wien, in: Der Tag, 13.5.1928, S. 3.

Audiodateien

Helene Koller-Buchwieser, interviewt von Sandra Kreisler, Ö1 Menschenbilder. Der Wiederaufbau – Helene Koller-Buchwieser, 36:37 min, 1995.

Onlinequellen

Archiv der Universität Wien, https://scopeq.cc.univie.ac.at/query/report.aspx?rpt=1&id=49206, o. n. A. (Zugriff 18.4.2022).

Sarah Grassler, Wohnen von Frauen in Wien und historische Wohnreform Modellprojekte, www.frauenundwohnen.at/wohnen-von-frauen-in-der-zwischenkriegszeit-bis-nachkriegs zeit (Zugriff 24.5.2022).

Christine Kanzler, Antoine, Lore, https://austria-forum.org/web-books/biografienosterreich00de2018isds/000028 (Zugriff 24.5.2022).

Meldungen der Rathauskorrespondenz, „Die Frau und ihre Wohnung" – Bürgermeister Körner eröffnet die Ausstellung im Messepalast, 2.12.1950, www.wien.gv.at/presse/historische-rk/1950/-/asset_publisher/wlyuW1CMwd9×/content/dezember-1950?redirect=%2Fweb%2Fpresse%2Fhistorische-rk%2F 1950&inheritRedirect=true (Zugriff 18.4.2022).

Sabine Plakolm-Forsthuber, Briggs (Briggs-Baumfeld), Ella (Elsa), www.biographien.ac.at/oebl/oebl_B/Briggs_Ella_1880_1977.xml (Zugriff 22.2.2022).

Ursula Prokop, Heinrich Vana, www.architektenlexikon.at/de/662.htm (Zugriff 27.1.2022).

Ursula Prokop, Siegfried Theiss, www.architektenlexikon.at/de/641.htm (Zugriff 10.3.2022).

Inge Scheidl, Ella Briggs-Baumfeld, www.architektenlexikon.at/de/65.htm (Zugriff 22.2.2022).

Rainer Schreg, Zwischen Nazis und Sowjets. Die Krimgoten in den 1930er und 40er Jahren, https://archaeologik.blogspot.com/2020/06/zwischen-nazis-und-sowjets-die.html (Zugriff 23.4.2022).

Cordula Schulze, Nachkriegswohnbau für berufstätige alleinstehende Frauen, www.schulze-foto.de/2021/06/19/nachkriegswohnbau-fuer-berufstaetige-alleinstehende-frauen (Zugriff 24.5.2022).

Theodor Venus, Urban, Gisela, www.biographien.ac.at/oebl/oebl_U/Urban_Gisela_1871_1943.xml (Zugriff 18.4.2022).

O. A., Moritz Baumfeld (1868–1913), https://de.mahlerfoundation.org/mahler/contemporaries/maurice-baumfeld (Zugriff 22.2.2022).

O. A., Geschichte der Schule, www.grg3rad.at/index.php/homepage/geschichte-der-schule (Zugriff 15.3.2022).

O. A., Edergasse 1–3, www.wienerwohnen.at/hof/1514/Edergasse-1-3.html (Zugriff 28.3.2022).

O. A., 50 Jahre Georg-Bilgeri-Volksschule. Reise in die Vergangenheit, www.meinbezirk.at/donaustadt/c-lokales/50-jahre-georg-bilgeri-volksschule-reise-in-die-vergangenheit_a2583236 (Zugriff 3.5.2022).

O. A., Wohnanlage Breitenfurter Straße 291–297, www.wienerwohnen.at/hof/1671/Breitenfurter-Strasse-291-297.html (Zugriff 3.5.2022).

Pionierinnen der Wiener Architektur

Impressum

Herausgeberinnen
Ingrid Holzschuh, A-Wien & Sabine Plakolm-Forsthuber, A-Wien

In Zusammenarbeit mit der
Zentralvereinigung der ArchitektInnen Österreichs

Dank an alle fördernden Institutionen

≡ Bundesministerium
Kunst, Kultur,
öffentlicher Dienst und Sport

*Zukunfts***Fonds**
der Republik Österreich

 Stadt Wien

Mit Beiträgen von
Maria Auböck, A-Wien
Judith Eiblmayr, A-Wien
Ingrid Holzschuh, A-Wien
Markus Kristan, A-Wien
Sabine Plakolm-Forsthuber, A-Wien
Katrin Stingl, A-Wien
Christina Zessner-Spitzenberg, D-Berlin

Acquisitions Editor
David Marold, Birkhäuser Verlag, A-Wien

Content & Production Editor
Katharina Holas, Birkhäuser Verlag, A-Wien

Korrektorat
Thomas Lederer, A-Wien

Gestaltung
seite zwei, A-Wien, www.seitezwei.com

Erstellung Bibliografie
Elisabeth Schnattler, A-Wien

Recherchearbeit
Silva Maringele, A-Wien

Fotografien
Paul Bauer, A-Wien

Bildbearbeitung
Pixelstorm Litho & Digital Imaging, A-Wien

Druck
Holzhausen, die Buchmarke der Gerin Druck GmbH, A-Wolkersdorf

Papier
Arctic Volume White 130 g/m^2, Remake sky 380 g/m^2

Library of Congress Control Number
2022938185

Bibliografische Information der Deutschen Nationalbibliothek
Die Deutsche Nationalbibliothek verzeichnet diese Publikation in der Deutschen Nationalbibliografie; detaillierte bibliografische Daten sind im Internet über http://dnb.dnb.de abrufbar.

ISBN 978-3-0356-2628-5

© 2022 Birkhäuser Verlag GmbH, Basel
Postfach 44, 4009 Basel, Schweiz
Ein Unternehmen der Walter de Gruyter GmbH, Berlin/Boston

9 8 7 6 5 4 3 2 1   www.birkhauser.com

FSC
www.fsc.org
MIX
Papier aus verantwortungsvollen Quellen
FSC® C108696